Ludwig Katzenmaier

Was schwach ist
vor der Welt,
das hat Gott erwählt

Erlebnisberichte, herausgegeben
von der Tochter des Verfassers,
Ruth Heil

D1662821

JOHANNIS
LAHR

Die Deutsche Bibliothek – CIP-Einheitsaufnahme

Katzenmaier, Ludwig:
Was schwach ist vor der Welt, das hat Gott erwählt :
Erlebnisberichte / Ludwig Katzenmaier. – Lahr : Johannis, 1993
(TELOS-Bücher ; Nr. 7635 : TELOS-Taschenbuch)
ISBN 3-501-01201-2
NE: GT

ISBN 3 501 01201 2

TELOS-Bücher
TELOS-Taschenbuch 77635
© 1993 by Verlag der St.-Johannis-Druckerei, Lahr
Umschlagfoto: K. Radtke
Gesamtherstellung:
St.-Johannis-Druckerei, 7630 Lahr
Printed in Germany   11254/1993

INHALTSVERZEICHNIS

VORWORT

„Wer nicht an Wunder glaubt, der ist kein Realist!" (David Ben Gurion). Dieses Wort könnte auch über dem Leben von Ludwig Katzenmaier stehen. Er, der oft in seinem Leben von Ärzten aufgegeben war und den sicheren Tod vor Augen sah, erlebte immer wieder neu das Eingreifen Gottes. Früh wurde ihm klar, daß der Glaube nicht etwa ein Gewand ist, das man nur sonntags über das ansonsten unveränderte alte Wesen überzieht, sondern daß es in der Nachfolge Jesu darum geht, im Innersten verändert zu werden und verändert zu bleiben.

Alles am Maßstab Jesu Christi auszurichten, das war und ist seine Devise. Seine Weitherzigkeit und Liebe zu allen, die in Not sind, sind genauso bezeichnend für ihn wie seine klare Abgrenzung gegenüber Lehren, die er als bibelfremd oder gar als bibelfeindlich erkannt hat. Dennoch führt die Abgrenzung von einer falschen Lehre nicht zum Verdammen dessen, der sie vertritt, sondern zum seelsorgerlichen Nachgehen, zum liebevollen missionarischen Werben, um den Verirrten und Verwirrten zur Bibel als der einzig unfehlbaren Quelle aller Erkenntnis hinzuführen.

Ein Leben, das mit solcher Klarheit und Bestimmtheit geführt wird, kann nicht ohne Widerspruch bleiben. Unkenntnis, mangelnde Orientierungsbereitschaft an der Bibel sowie Neid auf die große geistliche Frucht brachten Menschen auf den Plan – den Söhnen des Skevas gleich –, die nicht in der Lage waren, ihre geistlichen und fleischlichen Motive auseinanderzuhalten.

Der Dienst Ludwig Katzenmaiers war von Anfang an geprägt von mächtigen Wirkungen Gottes – und von Verfolgung und Mißgunst. Im Spannungsfeld zwischen diesen beiden Polen lebt er seit Jahrzehnten. Obwohl er alle „Erfolge" nur dem Wirken Gottes zuschreibt und Ihm allein die Ehre gibt, fanden sich immer wieder Neider („irdisch Gesinnte, die den Geist nicht haben", Judasbrief 19), die ihn mit Verleumdungen quälten. Sie erreichten aber nur, daß er sich noch mehr heiligte und an Jesus hingab, – ohne je einen Gedanken der Rache oder Vergeltung zuzulassen. Vielmehr betete er treu für sie, die in Unkenntnis und Ichsucht Verhafteten.

Spaltungen hat er nie gesucht und nie gewollt. Als einer, der weiten Herzens ist, suchte und fand er Geschwister überall, wo sie zu finden waren. Polemik, Aufforderungen zum Austritt aus bestimmten Kirchen oder Freikirchen, Verunglimpfungen von Brüdern, – von all dem hält er nichts. Das rettende und freimachende Evangelium, das er verkündigt, sieht primär den einzelnen, in Schuld und Not Befindlichen, den aus seiner Verstrickung herauszuholen es gilt. Bei diesem intensiven Eingehen auf das von Gott geliebte Individuum relativieren sich die Grenzen der Denominationen, die ja oft kollektivierend fehlgedeutet werden.

In der Seelsorge kennzeichnet ihn eine schier unbegrenzte Liebe zum Hilfesuchenden, aber dabei eine unerbittliche Abgrenzung gegenüber Sünde und faulen Kompromissen. Ludwig Katzenmaier liebt klare Entscheidungen und eindeutige Zuordnungen. Tausende von Menschen hat er zum Heil und zur Heilung führen dürfen. Gewaltige Eingriffe Gottes geschahen bei vielen Menschen, wenn er mit ihnen sprach oder für sie betete. Damit all dies ihm nicht zu einem Fallstrick würde, hat Gott ihm hin und wieder schwere Krankheiten geschickt, die ihm seine Zerbrechlichkeit und Begrenztheit vor Augen hielten und ihn völlig von Ihm abhängig bleiben ließen. Gottes Kraft kommt nicht in menschlicher Stärke, sondern in der Schwachheit zur Entfaltung, wie es der Apostel Paulus in 2. Korinther 12,9 für sich selbst erfährt.

Aus der Vergangenheit zu lernen, die Gegenwart zu gestalten und die Zukunft vorzubereiten, ist allen Menschen aufgetragen. Die Bibel spricht nicht nur über Vergangenes, sondern auch über Künftiges, und sie kündigt Geschehnisse an, deren Erfüllung noch aussteht. Gerade die prophetischen Stellen der Bibel finden Ludwig Katzenmaiers besonderes Interesse. Ihm ist dabei bewußt, daß sie nur unter Berücksichtigung des biblischen Gesamtzusammenhangs ausgelegt werden dürfen. Es hat ihn immer wieder interessiert und ergriffen, wie Gottes Wort – Jahrtausende nach der Abfassung – in Erfüllung geht, sowohl in Einzelschicksalen von Menschen, denen Aufforderung und Zuspruch des Seelsorgers gelten, wie auch im historischen Rahmen, der den Völkern gesteckt ist, die in Gottes Plan für Heil und Gericht prophetische Relevanz haben.

„Gedenket eurer Lehrer, die das Wort Gottes zu euch geredet haben! Schaut den Ausgang ihres Wandels an, und ahmt ihren Glauben nach!" (Hebräer 13,7)

Pfarrer Hans-Joachim Heil

Zum Geleit

Pfarrer Flattich, dieses schwäbische Original, soll gesagt haben: „Mit einem Löffel Honig fängt man mehr Fliegen als mit einem Faß Essig." An dieses Wort habe ich oft gedacht, als mich wegen meiner antiokkulten Bücher viele Angriffe erreicht haben. Speziell wurde diese Opposition verstärkt durch das 832 Seiten starke Buch „Okkultes ABC" (2. Aufl.). In diesem Buch sind rund 150 okkulte Bewegungen anhand von 500 Beispielen von der Bibel her erläutert. Wenn ich von all diesen 150 Bewegungen Angriffe und Widerstand erhalte, kann ich mich auf vieles gefaßt machen.

Was hat das alles mit Ludwig Katzenmaier zu tun? Mehr als der Leser ahnt. In Zeiten der Niedergeschlagenheit und Verzagtheit war mir die brüderliche Liebe Ludwigs Balsam. Vielleicht entspricht seine lehrmäßige Einstellung nicht immer den Vorstellungen der Theologen. Aber eines hat er den Kritikern voraus. Seine Anteilnahme, aus einem warmen Herzen kommend, hat mehr Gewicht als theoretische Erkenntnisse.

In seinem Nachwort sagt Bruder Katzenmaier: „Es ist mir ein Wunder, daß der Herr mich zu einem Werkzeug seiner Liebe erwählt hat."

Dieses Selbstbekenntnis entspricht der Wahrheit. Durch das ganze vorliegende Buch hindurch geht er in seiner Heilandsliebe verlorenen, gebundenen und kranken Menschen nach. Das hat er seinen und meinen Kritikern voraus.

Der gnädige Herr lasse dieses Buch vielen zum Segen werden.

Kurt E. Koch †

Gott hält seine Hand über meinem Leben

Die Dämmerung war schon hereingebrochen. Im Küchenherd flackerte ein Feuer. Mutter hatte das Licht gelöscht und die Ofentüre ein wenig geöffnet. Wir Kinder – ich war schon ein langaufgeschossener Junge – saßen davor und hingen an ihren Lippen.

Wie konnte sie erzählen! Am meisten fesselten mich die Berichte von meinen ersten Lebenstagen und -wochen. „Du, Ludwig", und dabei schaute sie mich an im Schein des flackernden Lichtes, „bist ja mein Erstgeborener. Vater war damals im Krieg. Wir wohnten zu jener Zeit in Mannheim. Am siebten Juni bist du zur Welt gekommen. Deine Geburt war mit großen Schwierigkeiten verbunden. Als du schließlich das Licht der Welt erblicktest, warst du halb tot. Die Hebamme nahm dich an den Beinen, klopfte und schlug dich, bis du den ersten Laut von dir gabst. Dies war das erste Mal, daß ich dich schon verloren glaubte.

Du warst kaum ein Jahr alt, als du wieder in Lebensgefahr schwebtest.

1916 ging eine gewaltige Ruhrepidemie durch Mannheim. Viele Menschen starben. Dabei dauerte der Krieg schon zwei Jahre, und Vater war draußen im fremden Land. Eines Tages bekam ich die frohe Nachricht, daß wir eine größere Wohnung bekommen könnten. Als wir einzogen, wußten wir nicht, daß die ganze Familie, die vorher dort wohnte, der Ruhr zum Opfer gefallen war. Man hatte aber versäumt, die Wohnung danach zu desinfizieren. Kaum waren wir eingezogen, als ausgerechnet du, Ludwig, die Ruhr bekamst. Diese Krankheit verläuft bei Kleinkindern oft tödlich. Dein Zustand war so erbärmlich, daß der Arzt an einem Abend sagte: ‚Heute nacht wird die Krise sein. Doch ich kann Ihnen keine Hoffnung machen, daß der Junge bis morgen noch lebt.'

Um Mitternacht kniete ich an deinem Bettchen nieder und betete: ‚Herr Jesus, wenn dieses Kind einmal dein Bote sein wird, dann laß es bitte leben. Wird es aber einmal eigene Wege gehen, dann nimm es bitte zu dir. Ich will dann keinen Groll in meinem Herzen haben.'

Bald nach dem Gebet merkte ich, wie deine Atemzüge ruhiger wurden. Am Morgen kam der Arzt mit dem vorbereiteten Totenschein. Er schüttelte den Kopf und sagte mit Staunen: ‚Heute nacht ist ein Wunder geschehen.' Nun wußte ich, daß du einmal dem Herrn Jesus dienen würdest. Doch ich wollte dich nicht bedrängen. Deshalb habe ich dir nichts von diesem Gebet erzählt, bis du eines Tages die Entscheidung treffen würdest. Du selbst weißt ja, es ist nicht lange her, daß du diesen Schritt getan hast."

In der Tat, meine Entscheidung lag erst einige Monate hinter mir. Die Lieder, Gebete und Psalmen, die ich auswendig gelernt hatte, waren nicht nur in meinem Kopf, sondern auch in meinem Herzen hängengeblieben.

Wenige Wochen danach fand eine Bibelwoche statt. Die Worte des Pfarrers bewegten mich so sehr, daß ich zum ersten Mal betete. Dieses Gebet war so heftig, daß die ganze Bank wackelte, an der ich kniete. Von da ab wußte ich, daß mein Leben Jesus gehört.

Prägungen in meiner Kindheit

Mutter verstand es fabelhaft, uns Freude zu bereiten. Sie spielte mit uns in der Wohnung Versteck, rückte Möbel umher und lehrte uns das Freuen an allen Dingen des Lebens.

Was mich aber in tiefe Traurigkeit führte, war die Ablehnung, die ich von meinem Vater her spürte. Durch die schwere Ruhr in meinem ersten Lebensjahr blieb ich immer ein recht schwächliches Kind. Ich konnte nicht mithalten bei den Spielen der anderen und wurde von ihnen immer abgedrängt. Schmerzlicher jedoch war mir, daß mein Vater mich nie zu seinen Spaziergängen mitnahm, weil er sich meiner Schwächlichkeit schämte.

Um so mehr fühlte ich mich von dem Vorbild meines Großvaters Katzenmaier angezogen. Er war in Mannheim Stadtsekretär gewesen und der erste, der dort noch während des Ersten Weltkrieges die Kriegsrente für Witwen und Waisen einführte. Ebenso war er Mitbegründer des Waisenhauses in Lahr. Seine große Liebe galt den Armen. Das Bild dieses Mannes hat mich sehr stark geprägt, obwohl ich noch ein kleiner Junge war, als er starb.

Mit etwa fünf Jahren erfuhr ich eine weitere Bewahrung. Meine Mutter packte mich im letzten Moment, als ich im Begriff war, in eine etwa vier Meter tiefe Grube zu stürzen. Sie war zum Jaucheentleeren geöffnet worden, als ich im Spiel wie eine Lokomotive rückwärts hineinrangieren wollte.

Der Krieg war vorbei. Über allem Erlebten

hatte Vater einen Nervenzusammenbruch erlitten. Obwohl er nach außen rauh erschien und mir gegenüber zuweilen unbarmherzig war, muß er im Innern doch sehr feinfühlig gewesen sein.

Mutters Schwester war meine Patentante. Bei Tante Lydia und ihrem Mann hielt ich mich auf, sooft es ging. Onkel Adolf machte mir die Bibel lieb. Wenn ich bei ihnen zu Besuch war, durfte ich ihn an den Sonntagen in die verschiedenen Orte begleiten, wo er mit dem Wort diente. Diese Predigten prägten sich mir tief ein.

In jener Zeit hatte ich oft Träume über die Zukunft, die ich damals noch gar nicht begreifen konnte, die sich aber heute mehr und mehr bewahrheiten.

Eine schwere Schulzeit

Dann kam ich zur Schule. Infolge meiner frühen Erkrankung litt ich jahrelang unter schweren Leibschmerzen. Mit diesen Schmerzen ging ich auch zur Schule. Bevor ich richtig dort war, mußte ich oft wieder umkehren, weil ich den Stuhl nicht halten konnte.

Jedes Jahr meiner Volksschulzeit war ich bis zu fünf Monate krank. Durch meinen Ehrgeiz war ich trotzdem einer der Besten in der Klasse.

Doch der Lehrer riet meinen Eltern ab, mich ins Gymnasium zu schicken. Er hielt es für zu anstrengend wegen meiner angeschlagenen Gesundheit. Für mich war dies eine riesige Enttäuschung, war dies doch die einzige Möglichkeit für mich, meine Stärke zu zeigen. Mein Bruder Hans und meine Schwester Brunhilde durften dann auf die höhere Schule gehen.

Aber nicht nur dieser Schmerz quälte mich. Nirgends gehörte ich so recht dazu. Wenn z. B. auf der Straße Fußball gespielt wurde, wollte mich beim Auswählen keiner nehmen, weil ich zu unbeholfen und schwach war. So kam ich mir immer überflüssig vor und schloß mich schließlich selbst aus.

Ich flüchtete mich in die Welt der Bücher, stellte eigene Betrachtungen an und fing an, Gedichte zu schreiben.

Mein erstes Gedicht schrieb ich mit neun Jahren. Das Thema lautete: Die Biene besucht die Apfelblüte. Der Lehrer hatte dazu gesagt: Schreibt einen Aufsatz, und im Scherz ergänzte er: „Wer will, der mache ein Gedicht." Ich aber nahm die Sache ernst. Als der Lehrer das kleine Gedicht hörte, war er voll von Lob. In mir wuchs ein neues Selbstbewußtsein. Fortan benutzte ich jede Gelegenheit, um Verse zu Papier zu bringen.

Als ich 15 Jahre alt war, erschien mein erstes Gedicht in einer Zeitung auf der Insel Sylt. Das Dichten bereitete mir immer größere Freude.

Wenn ich die ersten Schuljahre auch nicht in guter Erinnerung hatte, so waren die späteren noch unerträglicher. Wir wohnten in einem Stadtteil von Ludwigshafen, der sehr verrufen war. Meine Schulkameraden kamen meist aus asozialen Verhältnissen. Neben vielen schmutzigen Witzen wurden, wenn der Lehrer außer Sicht war, schlimme Sünden praktiziert. Mindestens einmal wöchentlich tauchte die Polizei auf.

Unter meinen Kameraden waren Diebe und solche, die an Einbrüchen beteiligt waren.

Schließlich erzählte ich meiner Mutter von all den furchtbaren Erfahrungen. Nachdem sie dem Lehrer Bericht erstattet hatte, griff derselbe hart durch, so daß viele Untaten fernerhin unterblieben.

Nun aber brach der Haß gegen mich auf. Sie verfolgten mich auf dem Heimweg und quälten mich. In meiner Verzweiflung fing ich an, mich zu wehren. Staunend merkte ich, daß ich gar nicht so schwach war, wie ich immer geglaubt hatte.

Diese Kraftentwicklung hatte ich meinem Bruder Hans zu verdanken. Dieser forderte mich täglich auf zum Boxen und Ringen, bis ich endlich anfing zurückzuschlagen. So wurde mir etwas, was mir leidig war, zum Vorteil.

Das Positive an meiner Schulzeit war für mich die Freundschaft mit Alfred Bürkle. Er sollte für mich einen wegweisenden Dienst tun.

Begegnung mit dem CVJM

Eines Tages holte mich Alfred zu einer Jungscharstunde des CVJM ab. Dr. Karl-Otto Horch, der sogenannte Reichsonkeldoktor, war gekommen. Er erzählte so interessant, daß wir wie gebannt an seinen Lippen hingen. Zum Schluß gab es noch einen Wettbewerb. Wer die fünf Worte „Was würde Jesus dazu sagen?" am schönsten zu Papier brächte, sollte den ersten Preis erhalten. Ich bekam diesen Preis zwar nicht, aber die fünf Worte prägten sich tief in meinem Herzen ein.

Die Leiter des CVJM, Ernst und Hermann Schwarz, verstanden es sehr gut, junge Menschen für Jesus zu interessieren. Unsere Gruppe war fast jedes Wochenende mit dem Fahrrad und den Zelten unterwegs. Wir besuchten dabei fast sämtliche Burgen der Pfalz. Sooft sich Gelegenheit bot, waren wir sonntagmorgens in einer Kirche. Wie staunten die Pfarrer, wenn plötzlich 40 bis 50 junge Menschen hereinkamen und die Bänke füllten.

Diese Zeit gehört zur schönsten meines jungen Lebens. Wir wurden vor vielen schlechten Einflüssen bewahrt. Zugleich wurden meine Gaben reichlich angeregt, denn über jeden Ausflug entstand ein Gedicht.

Dann kam eine sehr schwere Zeit. Mein Vater wurde so krank, daß er vorzeitig pensioniert werden mußte. Da die Pension sehr niedrig war, drängte meine Mutter darauf, daß ich schnellstens ins Berufsleben kam. Mit innerem Schmerz mußte ich den vorgefaßten Plan, Lehrer zu werden, was mir durch ein Zwischenseminar ermöglicht werden sollte, aufgeben.

Bei der Firma Sulzer Zentralheizungen GmbH in Mannheim bewarb ich mich als Lehrling für Heizungstechnik und wurde angenommen. Während der vierjährigen Lehrzeit besuchte ich zusätzlich die Maschinentechnische Fachschule. Diese Sonderausbildung brauchte meine ganze Energie. Ich hielt diese Strapaze zweieinhalb Jahre durch. Von den anfänglich 70 Seminaristen kamen nur 10 ins Examen. Ich war der einzige, der nur Volksschulbildung hatte. Diese Durchhilfe schrieb ich voll und ganz Gott zu.

Inzwischen war der Monat März 1933 ins Land gezogen. Während des Unterrichts in der Berufsschule, die ich auch besuchen mußte, sahen wir, wie auf dem großen Platz vor der Schule schwarz-weiß-rote Fahnen gehißt wurden. Adolf Hitler war Reichskanzler geworden.

Achtzehnjährig glaubten wir alle an ein neues Deutschland. Die Jugend zog singend durch die Straßen. Auch wir vom CVJM marschierten mit der Hitler-Jugend, die uns kameradschaftlich entgegenkam. Die SA kam geschlossen in die Kirche. Viele Pfarrer und Prediger stiegen im Braunhemd auf die Kanzel. Wer unter uns ahnte den Betrug, der sich hinter einer vertrauenerweckenden Fassade verbarg?

Von der Begeisterung mitgerissen, wollte ich im März 1934 in die SA eintreten. Als ich mein Anliegen bei der diesbezüglichen Dienststelle vortrug, wurde mir zu meiner großen Enttäuschung mitgeteilt, daß augenblicklich eine Eintrittssperre sei. Nur etwa acht Monate später war ich Gott unendlich dankbar, daß ER mich vor dieser Torheit bewahrt hatte. Wir hatten im CVJM Informationen bekommen, daß für entschiedene Christen eine schwere Zeit kommen sollte.

Streiflichter aus dem Leben eines Freundes

Gott ließ es nicht an Menschen fehlen, die mir Vorbild waren in ihrer Liebe zu ihm. Ein solcher war Fritz Haas, der die Jugend der Evangelischen Gemeinschaft leitete.

Als Fritz anfing, Theologie zu studieren, vertraute er mir die etwa 100 Jungs an. Mit ihnen bereitete ich viele schöne Abende für die Gemeinde vor. Immer mehr überwand ich dabei meine Minderwertigkeitsgefühle. – Fritz war mir ein wirklicher Freund. Er selbst hatte kein leichtes Leben. Sein Vater wollte mit all dem „frommen Kram" absolut nichts zu tun haben. Deshalb gab er ihm auch kein Geld für das Studium. Fritz verdiente sich nun während der Semesterferien sein Geld.

Bevor ich mit ihm zusammenarbeitete, war er ein ungläubiger Mensch. Im Rosengarten in Mannheim verabredete er einen Treff mit einem Mädchen, das ihn jedoch sitzen ließ. Darüber erbost machte er einen Gang um den Rosengarten und geriet dabei in eine evangelistische Großveranstaltung. Fritz konnte sich danach nur noch an zwei Bibelworte erinnern. Diese trafen ihn so sehr, daß er drei Tage und drei Nächte keine Ruhe fand, bis er sein Leben Jesus übergeben hatte.

Diese Beziehung zu Jesus wurde so herzlich, daß er sich zum Theologiestudium entschlossen hatte. Eines Tages sang er mir ein Lied von dem Blut und den Tränen unseres Heilandes vor, das mich so tief bewegte, als würde Gott selbst mit mir sprechen. Fritz sagte nach diesem Lied zu mir: „Eigentlich habe ich nur noch einen Wunsch, nämlich zu Hause bei Jesus zu sein."

Ein halbes Jahr später starb er dann ganz plötzlich. Bei seiner Beerdigung traf ich viele Menschen, die mir erzählten, was Fritz für sie getan hatte.

Ein junger Mann berichtete mir, daß er im Gefängnis war. Kein Mensch hätte nach ihm geschaut. Eines Tages wäre Fritz gekommen. „Ich bekam Vertrauen zu ihm", sagte er, „und ließ ihn wissen, daß es meine feste Absicht war, mich mit meinen Hosenträgern zu erhängen. Durch Fritz fand ich zu Jesus Christus, der mir einen neuen Inhalt für mein Leben gegeben hat."

Dabei lernte ich auch eine Frau kennen, die sieben Kinder hatte. Ihr Mann war Jude und war schon abgeholt worden. Niemand hatte für die Frau nun sorgen wollen, weil jeder Angst hatte, mit ihr in Kontakt zu kommen. Fritz jedoch kümmerte sich unentwegt um sie. Als das letzte Kind geboren wurde, ging er hin, um Windeln zu waschen. Er bettelte Lebensmittel zusammen, um diese Frau mit ihren Kindern durchzubringen. In der Ev. Gemeinschaft war niemand, der sich um die Frau gekümmert hatte, obwohl sie ganz in der Nähe wohnte. Jeder hatte Angst, weil die Juden verhaßt waren.

Viele andere gaben am Grab Zeugnis über das, was Fritz für sie bedeutet hatte. Ich war tief bewegt, einen solchen Freund gehabt zu haben. Bis heute ist mir seine vorbildliche Liebe und seine unvergleichliche Bescheidenheit ein Vorbild geblieben.

Ein Verkehrsunfall und Fliegeralarm

In jener Zeit, als ich die Jungschar leitete, erlebte ich auf dem Weg nach Mannheim eine wunderbare Bewahrung. Ich war nur noch einige Querstraßen von der Rheinbrücke entfernt, als ein Lastzug eine Kreuzung überquerte und mir mit ziemlicher Geschwindigkeit entgegenkam. Plötzlich sah ich, wie aus einer Häuserreihe eine Straßenbahn herausfuhr und so auf den Anhänger prallte, daß dieser sich in gekippter Stellung auf mich zubewegte. Entsetzen ergriff mich. Außer einer schrägen Ecke, die über mir hing, weiß ich nichts mehr. Die ganze Ladung – nach der Zeitung waren es über drei Tonnen – kippte über mich. Für Augenblicke war ich bewußtlos. Die Zeltplane hatte mich so zugedeckt, daß kein Licht durchscheinen konnte. Mir war es, als ginge ich durch einen langen, dunklen Gang. Als ich wieder zu Bewußtsein kam und merkte, daß ich noch lebte, obwohl alles um mich dunkel war, schrie ich laut um Hilfe. Ich meinte, blind geworden zu sein. Plötzlich hörte ich Stimmen, die aufgeregt riefen: „Da liegt einer! Holt ihn heraus! Vorsicht, damit nichts rutscht!" Als der erste Lichtstrahl in mein Dunkel fiel, stieg ein Dankgebet zu Gott empor. Hände griffen zu und trugen mich ins nächste Haus, wo man mich in einem Zimmer niederlegte. Gleich danach ging es mit dem Rot-Kreuz-Wagen ins Krankenhaus. Außer einem Schock, zerrissener Kleidung und starken Prellungen fehlte mir nichts. Mein Fahrrad dagegen war völlig zertrümmert. Eine Frau, die den Unfall beobachtet hatte, war bewußtlos zusammengebrochen.

Es war das erste Mal, daß Gott ganz deutlich bei mir angeklopft hatte: „Du gehörst mir! Gib mir dein Leben ganz!" Plötzlich war mir bewußt, daß es nie genügt, nur ja zu ihm zu sagen und sich für ihn einzusetzen. Er will uns haben mit der ganzen Liebe unseres Herzens. Jahre später klopfte Gott erneut und noch viel deutlicher ein zweites Mal bei mir an. Nachdem ich aus der Wehrmacht als

Schwerkriegsbeschädigter entlassen worden war, weilte ich öfter zu einem Besuch in Karlsruhe.

Es war ein warmer Septembernachmittag. Trotz Fliegeralarms blieb ich im Zimmer, genoß die Sonne und schrieb an einem Brief. Alle, die sonst im Hause waren, drei Frauen und ein Junge, befanden sich längst im Keller. Plötzlich vernahm ich das gewaltige Geräusch vieler Flugzeuge. Ein Blick aus dem Fenster im dritten Stock überzeugte mich von der allergrößten Gefahr, in der ich mich befand. Auf der Straße, nahe der Kreuzung, lag eine Markierungsbombe, die das Zentrum des Angriffs bezeichnen sollte. Mit dem Gepäck, das ich gerade noch erreichen konnte, stürzte ich die Treppe hinunter zum Luftschutzkeller, mehr im Rutschen als auf den Beinen. Kaum hatte ich die Tür hinter mir geschlossen, als mit donnerndem Getöse ein Bombenteppich über uns hinwegging. Plötzlich aber hörten wir ein anderes Geräusch, das einem Zischen glich. Es folgte ein furchtbarer Schlag, dem ein lang andauerndes Gepolter einstürzender Mauern folgte. Wir wurden vom Boden gehoben, als müßten wir zur Decke fliegen. Nach einem ohrenbetäubenden Lärm brach die Bunkertür ein. Alles wurde dunkel. Es war ein Wunder, daß ich in dem Durcheinander, in dem wir uns befanden, noch eine Kerze fand und sie entzünden konnte. Dann fing ich an zu beten. Ein Bombenteppich folgte dem anderen. Wenn ich aufhörte zu beten, so schrien alle zusammen: „Bet' weiter, bet' weiter!" Über dem kehrte ein unendlicher Friede bei uns ein. Es war, als wären die Engel Gottes zu uns gekommen, um uns zu schützen. Zugleich aber kam der mahnende Ruf erneut in mein Herz: „Übergib dein Leben ganz dem Herrn Jesus!"

Der Angriff schien eine Ewigkeit zu dauern, doch die Angst war gewichen. – Allmählich wurde es stiller. Nachdem ich Pickel und Hacke fand, versuchte ich einen Mauerdurchbruch zum Nachbarhaus. Aber da sah es noch schlimmer aus, denn die Kellerdecke war durchgebrochen, und nur Schutt war zu sehen. Als ich die Wand zur anderen Häuserfront geöffnet hatte, konnten wir einen Durchgang finden und gelangten schließlich über eine Treppe ins Freie. Überall brannte es. Menschen schrien um Hilfe. Viele Häuser lagen in Trümmern. Auch das Nachbarhaus und die Hälfte des Hauses, in dem ich gewesen war, waren eingestürzt.

Lange noch hörte ich Gottes Stimme in mir, IHM ganz zu gehören. Doch ich glaubte mich auf dem rechten Weg. So klopfte Gott noch ein drittes Mal an. Und das war noch heftiger.

Arbeitsdienst und Militärzeit

Ich hatte gerade meine staatliche Prüfung bestanden, als ich zum Arbeitsdienst eingezogen wurde.

Diese Zeit war sehr schwer. Ich hatte meine Bibel mitgenommen und stellte sie in meinen Spind, ebenso einen gelben Monatsbibelspruch. Alles saß ordentlich im Schrank, als die Schrankbesichtigung kam. Der Obervormann, der bei uns kontrollierte, war früher katholischer Meßdiener gewesen. Er war jedoch ganz auf die Seite Hitlers gekommen und wollte absolut nichts mehr vom Glauben wissen. Als er meinen Monatsspruch sah, sagte er: „Solch eine Schweinerei!" Er nahm meine nagelneue Zahnbürste und kommentierte: „Da sitzt ja noch der Dreck vom letzten Jahr drin." Trotz der vorbildlichen Ordnung im Schrank kippte er alle Bretter um und sagte: „In einer Viertelstunde komme ich wieder!" Bei der zweiten Durchsicht war er auch nicht zufrieden. Ich wurde verurteilt, die Stube jeden Tag zu reinigen, für den Obertruppführer das Koppel zu wienern und die Schuhe zu putzen. Meine freie Zeit wurde gänzlich gestrichen, und ich konnte kaum einen Gruß nach Hause schicken. – Dazu war ich unter Menschen geraten, die sich mit Schweinereien brüsteten. Nur wenige Anständige waren dabei. Einer davon lag neben mir. Er sagte zu mir: „Paß auf, heute nacht wollen sie kommen, um dich fertigzumachen."

Ich hatte Stubendienst, brachte alles in Ordnung, mußte Meldung machen und ging zu Bett. Nach kurzer Zeit stellte ich mich schlafend. Ich dachte, „du verkaufst dich so teuer wie möglich". Mit klopfendem Herzen wartete ich. Plötzlich sah ich eine Gestalt auf mein Bett zuschleichen. Es gab einen gewaltigen Ruck, denn jemand versuchte, meine Decke wegzuziehen. Dies gelang nicht, weil ich sie mit den Zähnen festhielt. Ich schlug dem Angreifer mit einer Peitsche ins Gesicht. Der schrie: „Du dreckiger Katzenmaier!" Er nahm einen Stiefel und wollte auf mich losschlagen. Dieser verfehlte sein Ziel und traf den Spind. Durch das Gepolter aufgeweckt, stand der Obertruppführer in der Tür: „Ich lasse euch heute nacht im Hemd exerzieren, wenn es keine Ruhe gibt", donnerte er. Ich sagte kein Wort und die anderen auch nicht. Aus Angst, exerzieren zu müssen, gab keiner einen weiteren Ton von sich, und ich hatte Ruhe.

Doch bei jedem Appell wurde ich schikaniert. Meine Kleider seien vernachlässigt, hieß es. Angeblich seien immer noch Schmutzreste an meinem Spaten. Schließlich bekam ich dann doch Ruhe. Ein Kamerad kam hinzu, der so extrem ungepflegt war, daß man darüber vergaß, mich ungerechterweise ständig zu beschuldigen. Wegen seines üblen Körpergeruchs holten ihn die Stubengenossen nachts aus dem Bett. Sie schleppten ihn in den Waschraum, steckten ihm einen Knebel in den Mund und schrubbten ihn mit einem Straßenbesen ab. – Was sie wohl damals mit mir vorgehabt hatten?

Dennoch wurde ich weiterhin nachteilig behandelt. Ich mußte unter anderem nachts sämtliche Toiletten reinigen, wenn alle anderen schon zu Bett gehen durften. Rings um die Toiletten war alles verschmiert, weil einige Durchfall hatten. Es stank fürchterlich. In dieser Trübsal tröstete mich das Wort: „Seid fröhlich in Hoffnung, geduldig in Trübsal, haltet an am Gebet." (Röm. 12,12)

Endlich gab es auch für mich mehr freie Zeit, und in mir regte sich wieder die Poesie. Ich schrieb Lieder, die man im Lager auswendig lernte. Dadurch interessierten sich meine Vorgesetzten plötzlich sehr für mich.

Die schönste Zeit im Arbeitsdienst bestand in Einsätzen zur Landarbeit. Ich kam zu einem Bauern, der meinen Einsatz sehr gut bezahlte.

Nun konnte ich endlich meiner Mutter in finanzieller Beziehung behilflich sein, was mein großer Wunsch gewesen war.

Zum Abschluß der Erntearbeiten fand man sich zum Feiern in den Dorfgemeinschaften zusammen. Hierfür brauchte man ein Programm. Ich wurde ausgewählt, die fähigsten Leute auszusuchen. Da man dadurch besondere Vergünstigungen hatte, baten mich meine ehemaligen Feinde, sie zu wählen. Und ich nahm sie. Wer hätte je gedacht, daß wir so gut zusammenarbeiten würden!? Es ging von Erfolg zu Erfolg. Meine Rolle als Komiker brachte ein ungeheures Echo. Zum Abschluß war Tanz mit Damenwahl. Ich wurde bestürmt und auf das Podium geschleppt.

Unterfeldmeister Pfersich brachte mich noch einige Male auf seinem eigenen Motorrad zu Sonderveranstaltungen.

So wurde aus einem einst verachteten Mann ein begehrter Mitarbeiter.

Da meine Vorgesetzten merkten, daß ich es mit dem Glauben ernst nahm, holten sie mich oft in der Nacht auf ihr Zimmer. Sie brachten den Talmud und Rosenbergs „Mythos des 20. Jahrhunderts". Ich mußte meine Bibel mitbringen. Noch heute ist es mir ein Wunder, wie ich bei meinem damaligen geringen Bibelwissen ihnen Rede und Antwort geben konnte. Leider konnte ich keinem unter ihnen die Herrlichkeit des Evangeliums so nahe bringen, daß einer zum Glauben gefunden hätte. In ihren Augen war ich ein Idealist.

Kaum war meine Arbeitsdienstzeit beendet, fragte man mich in meiner ehemaligen Firma, ob ich bereit wäre, nach Stuttgart zu gehen. Ich willigte ein. In dieser Zeit kam ich viel nach Eßlingen, wo mich das Leiden und Sterben meines gläubigen Onkels tief beeindruckte.

In diese Zeit fällt auch die Einberufung in die Motorsportschule Diez an der Lahn. Eines Nachts wurden wir geweckt, um zu einem Nachtmarsch anzutreten. Als wir in die Stadt kamen, suchten wir eine große Halle auf, deren Wände mit germanischen Runen geschmückt waren. Die Bühne war mit schwarz-weiß-roter Verkleidung versehen, auf welcher ein Reichsadler prangte. Die Veranstaltung begann. Nach einer Einführung betrat ein Redner die Bühne, wahrscheinlich ein Parteifunktionär der Nazis. Seine Rede, die hauptsächlich gegen die Kirche gerichtet war, brachte er mit glühendem Haß vor, und endete mit folgenden Worten: „Kameraden, diese Institution ist ein Blutsauger an der Kraft unseres Volkes. Steht auf und verjagt die Pfaffen. Sie sind Lügner und Betrüger, die nur euer Geld wollen. Schüttelt ihr Joch von euch ab." Dann schrie er mit lauter Stimme: „Tretet aus der Kirche aus! Gebt diesen Lumpen kein Geld mehr!" Plötzlich brach der starke Mann ohnmächtig zusammen und wurde schnellstens weggetragen. Der Vorhang wurde zugezogen, und der Redner, der die Einleitung gemacht hatte, erschien nun wieder auf der Bildfläche. Sichtlich betroffen sprach er die Worte, die genau das Gegenteil bewirkten: „Denke nur ja keiner, das sei ein Gottesgericht. Dieser Mann, der sich Tag und Nacht einsetzt, das Volk aufzuklären, ist total überarbeitet und deshalb zusammengebrochen." Stumm machten wir uns auf den Heimweg. Jeder ging seinen eigenen Gedanken nach. Viele rüttelte dieses Geschehen wach.

Im November 1937 wurde ich zum Wehrdienst einberufen. Da die für uns vorgesehene Kaserne noch nicht fertiggestellt war, bezogen wir eine Schule. Wir bekamen unsere Betten und Schränke zugewiesen. Dann folgte die erste Kontrolle. Ich hatte wieder meine Bibel dabei, zögerte aber, sie in den Schrank zu stellen. Meine Befürchtung war, es würde mir das gleiche wie beim Arbeitsdienst passieren. Dann aber ermahnte ich mich selbst, indem ich mir zurief: „Du Feigling, willst du deinen Heiland verleugnen?", und stellte die Bibel sichtbar in den Spind. Als der Stubengefreite Rothardt sie in den Blick bekam, sagte er streng zu mir: „Kanonier Katzenmaier, um 6 Uhr heute abend stehen Sie umgeschnallt und mit Mütze auf dem Kasernenhof, wo ich Sie erwarte." Mir fiel das Herz in die Hosentasche: „Nun geht es schon wieder los!" dachte ich.

Pünktlich meldete ich mich auf dem Kasernenhof. Wie aus einer anderen Welt hörte ich meinen Vorgesetzten sagen: „Rühren Sie sich! Ich bin Theologiestudent und habe Jesus lieb. Sie doch auch? Ich heiße Winfried, und du?" „Ludwig", stammelte ich. „Also sind wir Freunde und Brüder. Ich habe noch einen entdeckt. Er ist auch Theologiestudent. Wir drei werden zusammenhalten. Im Dienst sind wir per Sie, außer Dienst per Du, verstanden?" Er gab mir die Hand. Ich war unendlich glücklich.

Erste Begegnung mit meiner Frau

Der Krieg hatte schon begonnen, und wir lagen am Westwall. Zu jener Zeit bekam ich Urlaub und durfte fünf Tage nach Hause. Gleichzeitig kam auch Tante Berta aus Karlsruhe zu Besuch. Ich sagte wehmütig zu ihr: „Die meisten meiner Kameraden sind schon verlobt. Auch mir wollen sie gelegentlich ein Mädchen verkuppeln, aber das will ich nicht. Ich suche einen gläubigen Menschen, wenn ich jemals heiraten sollte." Mein Gebet war schon in früher Jugend, daß Gott mir die rechte Frau zeigen möchte. Tante Berta antwortete daraufhin: „Denk dir, ich habe eine liebe Freundin, sie ist sehr viel jünger als ich und noch nicht gebunden. Von ihr habe ich gerade einen Brief in der Tasche. Da, schau mal!" Sie reichte mir den Brief herüber. Die saubere Schrift und die feine Ausdrucksweise gefielen mir außerordentlich gut. Ich dachte: „Dieses Mädchen will ich unbedingt kennenlernen." Doch wagte ich mich nicht, die Tante um die Adresse zu bitten. Als sie aber das Zimmer verließ, öffnete ich ihre Tasche und riß vom Brief den Absender ab.

Von der Front, die noch ruhig war, schrieb ich ihr dann als unbekannter Soldat unter der Feldpostnummer. In diesem Brief hatte ich einige Verse aus Psalm 90 geschrieben und eine Naturbetrachtung dichterisch angefügt. Unter Spannung wartete ich drei Wochen auf Post. Als ich schließlich alles verloren glaubte, kam die Antwort. Sie schrieb: „Aus Ihren Zeilen habe ich gleich gemerkt, daß Sie ein Christ sind. Weil ich auch Jesus liebe, fühle ich mich Ihnen verbunden. Ich würde mich freuen, mit Ihnen in Briefwechsel zu kommen." Ich war unendlich glücklich.

Der Briefwechsel wurde immer herzlicher. Doch als wir an die Front zum Einsatz kamen, hörten wir längere Zeit nichts voneinander.

Dann bekam ich Urlaub. Bei einem Freund blieb ich über Nacht in Karlsruhe, wo die Briefschreiberin wohnte. Ich hatte ihr geschrieben, daß wir uns am 3. September treffen wollten, reiste aber einen Tag früher an. Ich wollte wissen, wo und wie sie lebte, bevor es zu einer Begegnung kam. An dem Tag, an dem ich dann offiziell am Nachmittag gegen 3 Uhr ankommen sollte, ging ich schon sehr viel früher zum Bahnhof, um zu sehen, ob um diese Zeit überhaupt ein Zug ankäme.

Der Karlsruher Bahnhof hat am Eingang viele Flügeltüren. Als ich die Zeiten erfahren hatte und auf dem Weg nach draußen war, wollte zur gleichen Tür jemand gerade herein. Ich kannte sie ja vom Bild her, war ihr aber bis dahin noch nie begegnet. Wir blickten uns durch die Scheibe in die Augen und erkannten uns. Die Tür ging auf, und in mir hieß es: „Das ist deine Frau!" Ich hörte dies ganz deutlich. Weil ich an so etwas gar nicht gedacht hatte, war ich recht erschrocken. Von da an bestand für mich kein Zweifel mehr, daß dieses Mädchen die für mich bestimmte Frau sein würde. Ich ließ sie das allerdings nicht wissen, denn wenn es Gottes Stimme war, die ich gehört hatte, würde sich all das bewahrheiten.

Kriegsausbruch und Erkrankung

1939 kam es zum Kriegsausbruch. Wir waren zunächst am Westwall.

Über Luxemburg und Belgien wurden wir nach Frankreich hineingeführt und stießen auf Paris vor. Der Marsch ging weiter bis tief hinein nach Gent. Dann zogen wir uns zurück bis zur Demarkationslinie.

Später ging es weiter nach Belgien. Dort wurden wir einem neuen Chef untergeordnet. Als dieser mich sah, erkannte er sofort, daß ich krank war. Als er mich fragte, was für Beschwerden ich habe, berichtete ich ihm von meinem immer wiederkehrenden Schwächegefühl und von der vorausgegangenen Tuberkulose. Dieses bewegte ihn so sehr, daß er mir antwortete: „Ich werde dafür sorgen, daß sie entlassen werden. Mein Bruder ist an dieser Krankheit gestorben!" Ich kam auf diese Weise in ein Lazarett nach Brüssel.

An einem Abend wurde mir die Gelegenheit gegeben, Gedichte vorzutragen. Unter den Zuhörern war ein SS-Offizier, der mich später auf die Seite nahm und sagte: „Mann, Sie haben eine große Begabung! Da ich selbst Schriftsteller bin, hätte ich die Möglichkeit, Sie in der Reichsschrifttumskammer unterzubringen. Bei Ihnen geht leider alles zum Kamin religiöser Schwärmerei hinaus. Es ist ja schon gut, daß Sie etwas glauben, aber Adolf Hitler kann Sie besser gebrauchen. Dort würden Sie weitergebildet und hätten einen guten Start. Wollen Sie nicht mitmachen?" Ich sagte ganz entschieden: „Nein!"

Er gab mir zu bedenken: „Räder rollen für den Sieg, Köpfe rollen nach dem Krieg."

Mit ihm kam ich später noch in ein tieferes Gespräch. Dabei erzählte er mir: „Ja, es muß ein Jenseits geben! Mein ältester Sohn ist auf tragische Weise umgekommen. – Wir saßen gerade beim Mittagessen in der Küche. Neben dem Tisch war ein Haken, an dem ein Koppel meines Jungen hing, der bei der schwarzen Hitlerjugend aktiv war. Dieses Koppel hob sich plötzlich aus dem Haken heraus und schwebte bis in die Mitte der Zimmerdecke. Von dort fiel es mit Wucht zu Boden. Wir waren sehr erschrocken und ahnten, daß etwas Schreckliches passiert sein müsse. Stunden später erfuhren wir, daß unser Junge, um eben diese Zeit, tödlich verunglückt war. Vielleicht waren es Energien seiner Seele, die sich uns als letztes Zeichen mitteilen wollte. Ich erkenne daraus, daß es etwas geben muß, was über der Materie steht, eine Kraft, die sich auch über den Tod hinaus bemerkbar machen kann."

Nach etwa 24 Tagen wurde ich nach Pommern verlegt. Dort brach eine Grippeepidemie aus, die auch mich erfaßte. Diese erneute Schwächung des Körpers verursachte einen Streuprozeß der Tuberkulose. Wieder wurde ich verlegt. Dieses Mal nach Kohlberg-Schülerbrink an die Ostsee. In dieser Zeit besuchte mich auch meine liebe Braut, obwohl die Fahrten mit dem Zug, durch die Luftangriffe bedingt, lebensgefährlich waren.

Am 8. Oktober 1941 wurde ich aus dem Heeresentlassungslager Mainz ausgemustert. Als 50 % Kriegsversehrter habe ich dann meine Arbeit bei meiner ursprünglichen Firma wieder aufgenommen.

Gottes Wege mit uns entsprechen nicht immer unserer Vorstellung

Sooft es ging, war ich in Karlsruhe bei meiner Braut. Die Sehnsucht nach ihr war groß, doch wegen meiner noch nicht ausgeheilten Tb war an eine Hochzeit gar nicht zu denken.

Vom Gesundheitsamt wurde ich sodann nach Werawald im Schwarzwald verschickt. Von dem Wunsch besessen, gesund zu werden, brachte ich mich selbst in schlimme Schwierigkeiten. Ich war ganz allein daran schuld, denn der Arzt war mir anfänglich gut gesonnen. Unter keinen Umständen sollten in meinem Auswurf Bazillen gefunden werden, was dann meine Heirat sicher noch weiter verzögert hätte. Deshalb gab ich mein Sputum nicht zur Untersuchung ab, obwohl sich mein Gesundheitszustand dauernd verschlechterte. Lungenbluten kam dazu. Aber auch davon sagte ich dem Arzt nichts. Nach einiger Zeit wurde ich dann im Tal untergebracht, von wo ich dann täglich einen Höhenunterschied von fast zweihundert Metern zum Sanatorium zurückzulegen hatte. Das Bergsteigen kostete mich ungeheure Anstrengung, und der Zustand meiner Lunge verschlechterte sich zusehends. Meine Temperatur stieg. Trotzdem wollte ich unter keinen Umständen den Ärzten etwas preisgeben, obwohl sie sich mein schlechtes Befinden nicht erklären konnten.

Als dann ein Arzt gegen höheren Befehl, mich

wieder ins Sanatorium heraufholte, war der Chefarzt so verärgert, daß er mich nach wenigen Tagen als gesund entließ.

Es schien mir unmöglich, meinen Beruf wieder aufzunehmen. Meinem Firmenchef schilderte ich meinen selbstverschuldeten Zustand. Er glaubte mir und beurlaubte mich, was nicht einfach für ihn war.

In dieser Zeit ging ich mit meiner Braut zusammen zu einem Möttlinger Bruder, der große Vollmacht hatte. Friedel hatte in früheren Jahren eine vereiterte Mittelohrentzündung. Ihre Mutter befürchtete damals das Schlimmste. Sie bat diesen Bruder, unter Handauflegung mit Friedel zu beten. Nach dem Gebet gingen Mutter und Tochter wieder zur Straßenbahnhaltestelle. Friedel war noch taub, denn die Vereiterung hatte bewirkt, daß sie nichts mehr hören konnte. Während nun die Straßenbahn herannahte, gab es eine starke Erschütterung in ihrem Ohr. Wie kleine Steinchen fiel der Eiter vertrocknet heraus. Sie konnte wieder hören und war sofort gesund. Gott hatte ein großes Wunder an ihr getan.

Durch diese Erzählung hatte ich noch größeres Vertrauen bekommen und dachte: Wenn dieser Mann über mir betet, wird alles gut. Friedel und ich gingen deshalb zu ihm und brachten unser Anliegen vor. Nach einem kurzen Stillesein vor Gott sagte dieser Mann zu mir gewandt: „Vielleicht will Gott, daß ihr nur Freunde bleibt."

Das war der härteste Schlag, der mich je hätte treffen können. Ich war schrecklich verzweifelt.

Hast du mich lieb?

Mitten hinein in dieses Elend wurde meine Braut durch Verwandte und Freunde bedrängt: „Du kannst doch einen solchen Mann nicht heiraten, von dem die Ärzte behaupten, er sei gesund! Er geht nicht seinen Berufspflichten nach. Du kannst ihn doch nicht versorgen und dann noch das Geld verdienen. Löse dich von ihm." Unter diesem Druck kam Friedel eines Tages zu mir und sagte: „Ich kann wirklich nicht mehr. Ich bin am Ende meines Glaubens. Du arbeitest nicht. Die Ärzte sagen, du seist gesund. Bitte gib mir den Ring zurück." In diesem Augenblick meinte ich, die Welt gehe unter. Ich eilte in mein Zimmer hinauf, schloß die Türe ab und warf mich zu Boden. Wie ein kleines Kind weinte ich vor Gott: „Herr, um Friedels willen habe ich ja im Sanatorium geschwindelt. Alles habe ich eingesetzt, um sie heiraten zu können. Nun ist auch das, was ich damals am Bahnhof hörte „Es ist deine Frau", nicht eingetroffen, wo ich doch so sicher war, daß es deine Stimme ist. Weil ich die Unwahrheit wählte, um an mein Ziel zu kommen, ist nun alles zu Ende." Während ich noch am Boden lag, hörte ich innerlich eine Stimme, die zu mir sprach: „Du erfährst doch, daß dich deine Braut nicht von Herzen liebt?" „Ja, Herr, das ist ja mein Schmerz!" „Du möchtest aber, daß sie dich wieder liebt?" „Natürlich möchte ich das, Herr." War das nun Gottes Stimme? fragte ich mich. Wieder fing es an: „Sieh, so lieb, wie du deine Braut hast, so lieb habe ich dich." Ich fragte: „Wer bist du?" „Jesus", war die Antwort. „Und so weh, wie es dir tut, daß dich deine Braut nicht liebt, so weh tut es mir, daß du mich nicht lieb hast. Und so, wie du willst, daß deine Braut dich liebt, so möchte ich, daß du mich liebhast." Darüber war ich sehr betroffen. Ich weinte erneut und sagte: „Herr Jesus, vergib mir, daß ich eine Kreatur mehr geliebt habe als dich. Gib durch deine Gnade, daß ich dich aufrichtig liebe. Und bitte schenk es auch meiner Braut, denn wenn sie dich liebhat, vielleicht hat sie dann auch mich wieder lieb." Wie ichbezogen war dieses Gebet schon wieder! So sehr hat der Herr Jesus um mich geworben, um mein Leben: aber ich habe es nicht wahrgenommen.

Da sich meine Braut nicht entschließen konnte, bei mir zu bleiben, fiel ich in eine tiefe Depression. Mächte der Verzweiflung überfielen mich. Selbstmordgedanken trieben mich zum Fenster, wo ich hinunterspringen wollte. Nachts konnte ich nicht schlafen. Ich verlor allen Glauben.

Vielleicht muß das auch so sein, daß der Kinderglaube, den man mitbekommen hat, in Frage gestellt wird, und man neu zu Gott findet. Meine Bibel hatte ich weggelegt oder sogar weggeworfen.

Mehrere Tage hatte ich so ohne Gebet und Bibellesungen verbracht. Ich stand auf und legte mich, ohne an irgend etwas Anteil zu nehmen. Ich sagte nur immer wieder zu mir selbst: „Du mußt ganz nüchtern bleiben. Vielleicht hast du alles, was Glaube betrifft, nur mit der Muttermilch eingesogen, und alles stimmt nicht: denn wenn es einen Gott gäbe, hätte er bestimmt eingegriffen."

Auch Seelsorger nahm ich in Anspruch. Doch

sie verharmlosten meine Beichte und sagten: „Das sind Kindersünden, die Gott gar nicht in Anrechnung bringt." Hätten sie mir gesagt: „Jawohl, du hast gesündigt", und hätte man mit mir ein Lossagegebet gesprochen, wäre ich vielleicht auf den rechten Weg gekommen.

Einige Zeit später, an einem Spätsommertag, dachte ich so bei mir: „Wie schön war es doch, wenn du früher morgens wach wurdest, hast du gebetet und in der Bibel gelesen." Ich wies jedoch den Gedanken gleich wieder von mir. Da sah ich plötzlich durch meine Tür etwas Schwarzes hereinkommen, das nach allen Seiten Dunkelheit ausstrahlte. Von Schrecken gepackt über dieser Erscheinung sprang ich auf, um durch eben diese Tür zu fliehen. Es gelang mir jedoch nicht. Diese ungeheure Finsternis bemächtigte sich vielmehr meiner und nahm Besitz von mir. In mir hörte ich ein furchtbares Wimmern, das dann auch aus meinem Munde herauskam. Wie eine Marionette bewegte ich mich zum Spiegel hin, wo ich mein verzerrtes Gesicht wahrnahm. Ich fragte mich: „Bin ich besessen?" Durch den Hausflur gelangte ich nun zur Haustüre. Ich hatte schon den Griff in der Hand, als meine Mutter die Treppen heruntereilte. Sie war wachgeworden und sah ihr Bett von finsteren Gestalten umringt. Nachdem sie dieselben betend vertrieben hatte, kam sie nach unten, sah mich und zog mich ins Zimmer zurück und auf die Knie. Von ihrem ganzen Gebet ist mir nur noch bewußt, daß der Name Jesus sehr oft darin vorkam. Bald konnte ich denselben nachsprechen. Dabei merkte ich, wie die Finsternis mehr und mehr wich. Ich verspürte meine neugewonnene

Freiheit wie ein leeres Gefäß. Nun kam eine große Freude über mich. Die Liebe Gottes durchflutete mich wie Wellen eines großen Stromes. Dieses dauerte so lange an, daß ich es kaum mehr ertragen konnte.

Nach drei Tagen solcher Nähe Gottes folgten drei Tage schwerster Anfechtung. Schreckliche Worte gegen Gott durchfuhren meine Seele, und ich konnte mich kaum dagegen wehren. Doch der Glaube hatte Wurzeln gefaßt, und Gott ließ diese Pflanze kräftig wachsen. Ich war frei!

Im Abschluß dieser Erfahrungen kam der Brief meines lieben Freundes Winfried Rothardt von der Front mit folgendem Inhalt: „Komm in mein Elternhaus. Dort wirst Du gesund. Wir haben gute Luft und einen großen Garten." Ich reiste nach Sachsen und wurde liebevoll aufgenommen. Das Wunderbarste an dieser Zeit waren mir die Hausandachten, bei denen auch Stockmeyers Predigten vorgelesen wurden.

In diesem Haus lernte ich Pfarrer Friedrich Hoffmann aus Gotha kennen, der ein enger Mitarbeiter Modersohns gewesen ist. Dieser Pfarrer hatte das Buch geschrieben „Der weiße Herzog". 1933 wurde er deswegen gefangengesetzt, weil die Schilderung des „weißen Herzogs" auf Adolf Hitler zutraf. Nachdem er aber nachweisen konnte, daß dieses Buch schon 1930 erschienen war, und man an Prophetie nicht glaubte, hatte man ihn wieder freigelassen. Dieser Mann, der mir viele Stunden lang das prophetische Wort nahebrachte und mich in die Wahrheiten der Schrift einführte, hat die Grundlage für mein prophetisches Denken und Wissen gelegt. Er sagte mir damals etwa folgendes: 1945, spätestens 1946, haben wir den Krieg verloren. Dann wird es einen Judenstaat geben. Und dann fängt die ganze Periode endzeitlichen Geschehens an.

Im September 1943 wurde ich vom Gesundheitsamt nach Ludwigshafen beordert. Dort wurde nun mein wirklicher Befund festgestellt. Man fand 2 Kavernen in meiner Lunge. Daraufhin wurde mir im Frühjahr 1944 eine Heilbehandlung in einem Kurheim im Elsaß genehmigt, die jedoch gegen Ende, wegen Partisanengefahr, abgebrochen werden mußte. Die amerikanische Invasion hatte bereits begonnen.

Inzwischen ging es mir besser, und ich konnte halbtags meine Arbeit wieder aufnehmen.

Nach einer weiteren Untersuchung bekam ich vom Gesundheitsamt die Genehmigung zum Heiraten. Wie freute ich mich darüber, daß wir nun endlich das Ziel erreicht hatten.

Hochzeit und schwere Zeiten

Am 2. Dezember 1944 war unsere Hochzeit. Pfarrer Kreiselmaier traute uns in der Erlöserkirche, unter der Anwesenheit einer Organistin, dem Kirchendiener und meiner Schwägerin Line. Der Trautext lautete: „Freuet euch in dem Herrn allewege, und abermals sage ich euch: Freuet euch. Eure Lindigkeit lasset kundsein allen Menschen, der Herr ist nahe! Sorget nichts, sondern in allen Dingen lasset eure Bitten im Gebet und Flehen mit Danksagung vor Gott kundwerden. Und der Friede Gottes, welcher höher ist denn alle Vernunft, bewahre eure Herzen und Sinne in Christo Jesu!" (Phil. 4,4–7).

Mitten in der Trauung gab es Fliegeralarm. Blitzschnell verschwanden die wenigen Anwesenden im Luftschutzkeller. Während die Bomben fielen, blieben wir zwei mit dem Pfarrer am Altar stehen, um unser Treuegelöbnis vor dem Herrn abzulegen.

Zu Hause hatte meine Mutter ein „Hochzeitsessen" bereitet, das der Zeit entsprechend aus Kartoffeln, Karottengemüse und einem zähen Stück alten Kuhfleisches bestand. Trotzdem waren wir von Herzen dankbar, denn die Freude der neuen Gemeinsamkeit überwog.

Wir wohnten dann in Ludwigshafen. Mein Geschäftsweg war sehr mühsam, da keine Straßenbahn- und Busverbindung mehr zustande kam. Da die Luftangriffe immer heftiger wurden, waren diese Wege wegen der drohenden Einsturzgefahr der Häuser äußerst gefährlich.

Inzwischen warteten wir auf unser erstes Kindlein. Durch eine in der Nähe niedergegangene Luftmine war unsere Wohnung so sehr in Mitleidenschaft gezogen, daß kein einziges Fenster mehr ganz war. In den Wänden waren Sprünge und Risse entstanden, durch die der kalte Wind hereinblies. Kurz entschlossen brachte ich meine Frau zu ihrer Mutter, die von Karlsruhe nach Rohrbach bei Sinsheim übergesiedelt war und ihr dort ein zwar enges, aber liebevolles Zuhause bereitete.

Inzwischen rückte die Invasion immer näher. Ich konnte nur noch unter Lebensgefahr zur Arbeit gehen. Bevor die Rheinbrücke gesprengt wurde, nahm ich mein Fahrrad, packte die wichtigsten Dokumente und Gegenstände ein und fuhr nach Heidelberg. Von dort bestand noch eine Möglichkeit, mit dem Zug nach Sinsheim zu kommen.

Noch war ich nicht beim Bahnhof, als in den menschenleeren Straßen über mir ein Flugzeug kreiste, das ich kaum beachtete. Plötzlich war ich von Maschinengewehrgarben eingehüllt. Entsetzt sprang ich vom Fahrrad, und während mich die Leuchtspurmunition fast streifte, fand ich eine letzte Zuflucht unter einer Bank. Am Bahnhof lud ich mein Fahrrad in den Gepäckwagen des bereitstehenden Zuges und fand auch noch einen Sitzplatz. Nachdem es in der Luft wieder still geworden war, bewegte sich der Zug langsam aus dem Bahnhof. Ich atmete auf – doch nicht lange –, ein plötzliches Geratter schreckte alle Insassen hoch. Der Eisenbahnwagen war entgleist. Überdies kam ein Gegenzug, prallte auf unseren Wagen und warf ihn um. Eisenstücke flogen um meinen Kopf, Menschen wurden eingequetscht. Ein furchtbares Durcheinander entstand. Während die Hilferufe verletzter Menschen durch die bereits hereinbrechende Dämmerung an mein Ohr drangen, kam ein überraschendes Bombardement feindlicher Flieger. Ich sprang aus 2 Meter Höhe mit meinem Gepäck in die Tiefe, um in einem nahen Tunnel Schutz zu suchen. In dem darauf folgenden Inferno von Flammen und unter dem Getöse krachender Bomben ertönten Schreie des Entsetzens. Erst nach Stunden eines furchtbaren Chaos konnte die im Tunnel stehengebliebene Lokomotive mit 4 Waggons auf holprigem Geleise in Richtung

Sinsheim weiterfahren. Es war mit großen Schwierigkeiten verbunden, in einem der überfüllten Wagen noch einen Platz zu finden. „In wieviel Not hat nicht der gnädige Gott über mir Flügel gebreitet." Gut kam ich in Sinsheim an.

Mit meiner Frau und Schwiegermutter erwartete ich nun die näherrückende Front. Ein auf Rohrbach geplanter Großangriff feindlicher Artillerie bewog uns, in einem Hohlweg Schutz zu suchen. Ein Aufklärungsflugzeug entdeckte uns. Unter den krepierenden Granaten kamen wir erneut in Lebensgefahr. Mit eingezogenen Köpfen lagen wir auf der Erde und zuckten bei jedem Donnerschlag zusammen. Heißes Flehen um Bewahrung stieg auf zu Gott. Und ER erhörte uns. Keiner wurde verletzt, obwohl Einschläge ganz nahe erfolgten. Ein kleiner Junge hatte so schrecklichen Hunger, daß er sagte: „Mama, kann ich ein wenig Erde essen." – Hunger und Durst hatten wir alle, waren von Angst geschüttelt und hatten das Gefühl, aufgegeben worden zu sein. ‚Herr Gott, DU bist unsere Zuflucht für und für!'

Nach Stunden wurde es ruhiger, so daß wir über Wiesen und Felder in einen Gewerbekeller fliehen konnten.

Endlich beruhigte sich die Lage, so daß man wieder auf die Straße gehen konnte. Das Geld wurde immer weniger. Es war an der Zeit, an den Arbeitsplatz zurückzukehren. Wie gut, daß ich mein altes Fahrrad noch besaß. Kurz vor dem Rhein fand sich ein Bunker, in dem ich die Nacht verbrachte. Früh am anderen Morgen wollte ich versuchen, über den Rhein zu setzen. Das war ein gefährliches Unternehmen, denn jeder, der über den Strom fuhr, wurde als flüchtender Soldat angesehen. Jederzeit konnte so das Feuer auf ihn eröffnet werden. Unser gnädiger Gott bewahrte mich auch hier.

Ich konnte bei meinen Eltern in Ludwigshafen/ Rhein, das inzwischen unter französischer Verwaltung stand, wohnen und bekam ein Visum, um den Rhein in die amerikanische Besatzungszone überqueren zu dürfen. Natürlich benutzte ich diese Gelegenheit, um so oft wie möglich meine Frau zu besuchen.

Am 17. August 1945 kam unser erstes Kind, Hans-Uwe zur Welt. In Sorge um Mutter und Kind machte ich mich auf den Weg und beachtete deshalb bei meiner Fahrt einige neue Verkehrszeichen nicht. Von der amerikanischen Polizei wurde ich dabei gefaßt und ins Gefängnis gesetzt. Der deutsche Wächter ließ mich jedoch heimlich heraus, mit dem Versprechen, am dritten Tag zur Gerichtsverhandlung wieder da zu sein. Außer einer Geldstrafe wurde mir dann nichts weiter auferlegt. Dies war ein Wunder für mich. Sogar mein Fahrrad durfte ich behalten.

Entscheidung

Mit dem Ortspfarrer von Rohrbach befreundete ich mich sehr bald. Gemeinsam veranstalteten wir Heimkehrerabende für entlassene Soldaten. Aus diesen ergab sich schließlich eine Evangelisationswoche mit Pfarrer Allinger. Als am letzten Tag die Rede durch das Dorf ging, daß ein ortsbekannter Mann sich öffentlich bekehren wolle, füllte sich die Kirche bis auf den letzten Platz. Auch ich war einer, der von neugieriger Spannung erfüllt war und merkte dabei nicht, daß Gott mich suchte.

Als nichts passierte, ging ich enttäuscht nach Hause. Doch in jener Nacht schlief ich nicht. Gott legte mit aller Deutlichkeit Seinen Finger auf meine wunden Stellen und zeigte mir, daß ich ein Sünder war, der Vergebung brauchte.

Nachdem Pfarrer Allinger bekanntgegeben hatte, daß er nur noch bis zehn Uhr am nächsten Morgen zu sprechen sei, nahm ich mir vor, erst dann zu ihm zu gehen, wenn er abreisen würde. Mit dem Glockenschlag zehn läutete ich am Pfarrhaus und dachte: „Wenn er mich noch sprechen will, bleibt er da. Will er aber nicht, dann habe ich ja gewollt und brauche nicht zu beichten." Ich schäme mich heute noch für dieses Verhalten. Pfarrer Allinger blieb. Dem Herrn sei gedankt.

Der „Apotheker"

Es ging schon auf den Spätsommer zu. Friedel, Klein-Uwe und ich gingen im Wald spazieren. Es war ein Tag voll innerer Harmonie, doch es ging mir nicht sonderlich gut. Dumpfe Ahnungen gingen durch meine Seele. Friedel erwartete ihr zweites Kind, und ich sollte wieder zu einer Kur.

Schwer war der Abschied. Dieses Mal ging es nach Rosenharz bei Ravensburg in ein Sanatorium.

Es gab kein anderes Heilmittel zu jener Zeit

als gutes Essen und viel Liegen. In der Stille fing ich erneut an zu dichten.

Aus französischer Kriegsgefangenschaft trafen dort im Sanatorium täglich Kranke ein. Es waren elende Gestalten mit mageren Gesichtern und wasserschweren Beinen. Die meisten von ihnen starben schon nach wenigen Tagen. Oft saß ich bei einem Sterbenden und hielt seine Hand. Zuweilen kam ein abgemagerter Mann, mit strengem Gesicht, an uns vorbei, wenn wir Ausgang hatten, und ich mit anderen auf der Wiese vor dem Haus saß. Mit seinem Spazierstock strebte er von allen fort. Keiner sprach mit ihm. „Der Apotheker", sagten einige, „der Hochmutspinsel", andere. „Der braucht ja gar keinen Stock, der tut nur so, als wäre er krank!" Das hörte ich so manchen Tag. Ich entschloß mich, sein Geheimnis zu ergründen. Die Gelegenheit gab sich bald.

Nachdem ich seine Gewohnheiten beobachtet hatte, wartete ich am Ausgang auf ihn. Nachdem er draußen war, ging ich eine Zeitlang hinter ihm her, um ihn dann auf einem Waldweg zu überholen. „Darf ich dich begleiten?" fragte ich. „Ja!" gab er zur Antwort. Nachdem wir eine Weile schweigend nebeneinander hergingen, fragte ich ihn: „Bist du Apotheker?" „Ne, keine Ahnung davon." „Nun, die Kameraden erzählten es mir." „Was wissen die schon?" kam zur Antwort. Der Weg war steinig, er ging sehr vorsichtig. „Sie sagten mir auch", fuhr ich fort, „daß du wohl gut ohne Stock gehen könntest." Er blieb stehen, und indem er sich auf seinen Stock stützte, hob er sein rechtes Bein aus der Hüfte und drehte es so, daß die Fußspitze fast nach hinten stand. „Was ist das?" fragte ich erschrocken. „Ich wog fast zwei Zentner und bin so abgemagert", erklärte er mir, „daß meine Gelenke leicht herausgleiten. Wenn ich hinfalle, kann ich nicht mehr aufstehen. Darum habe ich den Stock."

Von da an schlossen wir Freundschaft. Es war der Anfang zu einem Aussprachekreis, der sehr segensreich wurde.

Gott schenkt uns ein Mädchen, das vielen zum Segen wird

Zu jener Zeit, da ich noch in Rosenharz war, kam von zu Hause die Nachricht, daß am 25. Januar 1947 uns ein Mädchen geschenkt wurde, dem wir den Namen Ruth gaben. Da die Kur noch nicht zu Ende war, konnte ich unser Kind erst später sehen.

Dieses äußerst temperamentvolle Kind, das mit einem starken Willen beschenkt wurde, sorgte dafür, daß es bei uns keine Langeweile gab.

Schon mit 6 Jahren traf Ruth eine Entscheidung für Jesus. Als auf einer späteren Freizeit in Beatenberg zur Entscheidung für den missionarischen Dienst aufgerufen wurde, streckte unsere Ruth als erste spontan die Hand. Sie war damals gerade 11 Jahre alt. Gott selbst hatte das Fundament eines lebendigen Glaubens in ihr Herz gelegt.

Auch unser Sohn Uwe traf während dieser Freizeit die Entscheidung für den Herrn. Dies erfüllte uns als Eltern mit einer großen Freude.

Mit der inneren Berufung, ganz dem Herrn Jesus dienen zu wollen, entschloß sich Ruth für den Schwesternberuf. Die Heilung der Menschen nach Leib und Seele stand ihr vor Augen. Als Vorbedingung zu diesem Beruf war ein Haushaltsjahr in einer kinderreichen Familie nötig, das sie bei der Familie von Pfarrer Walter Trobisch absolvierte. Hier begegnete ihr der Theologiestudent Hans-Joachim Heil, den sie kennen und lieben lernte. Die beiden heirateten und führten ihre Ausbildung zu Ende.

Nach dem Heimgang von Pfarrer Walter Trobisch übernahm unser Schwiegersohn in verantwortlicher Mitarbeit die „Family Life Mission" (FLM), in der er heute noch steht.

Gott klopft erneut bei mir an

Nach Hiob 33,29: „Siehe, das alles tut Gott zwei- oder dreimal mit einem jeglichen, daß er seine Seele zurückhole aus dem Verderben und erleuchte ihn mit dem Lichte der Lebendigen", sollte auch ich ein drittes Mal von Ihm heimgesucht werden.

Die Vorgeschichte hierzu begann im November 1947. Mein Chef hatte mir gerade eine Terminarbeit übertragen, als mich ein heftiger Schüttelfrost überfiel. Ich merkte, wie mich meine Kräfte verließen. Zu Hause angekommen zeigte das Fieberthermometer 39,5° Celsius. Alle Versuche, diese Temperatur zu verringern, schlugen fehl, so daß ich ärztliche Hilfe in Anspruch nehmen mußte.

Nach einer Röntgenuntersuchung wurde festgestellt, daß ich in der linken Lunge eine Kaverne hatte. Behutsam versuchte der Arzt, mir den Ernst der Situation klarzumachen. Während er zu mir von einer kirschkerngroßen Kaverne sprach, hörte ich deutlich, wie er seiner Sekretärin im Flüsterton eine zweimarkstückgroße diktierte. Trotzdem durfte ich nach Hause gehen.

Ich war in Unruhe. Wegen der Unfähigkeit, meine Berufsarbeit auszuführen, befiel mich die Angst um die Versorgung meiner Familie.

Zu jener Zeit hatte ich einen seltsamen Traum. Im Begriff, eine Tür zuzumachen, wurde diese mit leichtem Druck wieder geöffnet. Zu meinem Erstaunen kam ein schwarzgekleidetes Mädchen mit wunderbaren Augen herein. Mit ernstem Blick sagte es zu mir: „Ich bin der Bote des Todes!" Mit der Hand zog es in der Luft einen Kreis, in dessen Mitte ein Hund zu sehen war, und sagte: „Eines Morgens wird ein Hund vor eurer Haustür sitzen. Dann ist es soweit, daß du sterben mußt!" Gleich darauf stand das Mädchen im strahlenden Weiß vor mir, rührte mein Herz an und sagte zu mir: „Da drinnen sieht es aber noch böse aus. Gott sucht deine Liebe." Ich war erschrocken. – Wir hatten wohl einen Hund gehabt, aber der sah anders aus als jener im Traum. Längst befand er sich im Hause unseres Pfarrers, dessen Kinder ihn unendlich liebten.

Eines Tages sprang mir fröhlich die Tochter des Pfarrers entgegen und rief: „Herr Katzenmaier, unser Struppi war fortgelaufen. Wir suchten ihn überall. Was denken Sie, wo wir ihn fanden? Vor Ihrer Haustüre." Ich bekam einen Riesenschrecken, weil mich dies an meinen Traum erinnerte. Dann schob ich den Gedanken rasch beiseite.

Bald danach bekam ich eine schwere Erkältung

mit einem hartnäckigen Husten. Wenige Tage später wachte ich nach einem Hustenanfall morgens auf. Ein Blutsturz folgte, an dem ich fast erstickte. Mit letzter Kraft stampfte ich mit dem Fuße auf den Boden, denn unter mir hatten die Eltern ihr Zimmer. Vater kam herauf, sah den furchtbaren Zustand und rief sofort eine Ärztin. Diese gab mir eine blutstillende Spritze. Nach vier Tagen wiederholte sich das Unglück. Wieder brachte die Ärztin mittels einer Spritze den Blutsturz zum Stillstand. Aber ein weiterer Blutsturz folgte. Eine halbe Stunde später überfiel mich starker Schüttelfrost. Ich merkte, wie mein Herz immer langsamer wurde und nicht mehr weiterschlagen wollte. Vier Stunden lang haben meine Mutter und eine Schwester Arme und Beine massiert, bis der Kreislauf wieder in Gang kam. Da habe ich dann zu Gott gefleht: „Mein Gott, laß mich noch einmal leben. Jetzt mache ich wirklich ernst."

Viele Wochen brachte ich im Sterbezimmer des Krankenhauses zu, immer zwischen Leben und Tod. Der Arzt sagte eines Tages zu mir: „Ich wundere mich über Ihre Energie." Später gestand er mir, daß er eigentlich sagen wollte: „Ich wundere mich, daß Sie noch leben."

Daß mein Zustand ernst war, merkte ich selbst. Deshalb nahm ich mit meinem damaligen Zimmergenossen, Pfarrer Jung aus Westheim bei Landau, das Abendmahl.

Bald danach besuchte mich der ganze Chor der evangelischen Gemeinschaft und sang mir Lieder. Freunde kamen in mein Zimmer und verabschiedeten sich besonders herzlich. Meine Frau besuchte mich und gab mir Bescheid, daß unsere Kinder unten an der Krankenhausmauer warteten, um mich zu sehen. Die beiden durften wegen der Ansteckungsgefahr nicht ins Krankenhaus. Vom Fenster aus konnte ich sie dann sehen. Ein banges Fragen kam in mein Herz. Werde ich sie je wieder in die Arme schließen dürfen?

„Was ist nur los", dachte ich, „daß heute so viele Menschen zu Besuch gekommen sind? Soll es wirklich so ernst um mich stehen?"

Die Blutstürze wiederholten sich. Die Ärzte entschlossen sich zu einer schweren Operation. Diese sollte etwa fünf Stunden dauern. Erneut gab ich mein Leben in die Hand Jesu.

Endlich wurde ich entlassen. Auf meine Bitte, die volle Wahrheit zu erfahren, sagte mir der damalige Chefarzt: „Sie werden wahrscheinlich nie mehr gesund werden. Sehen Sie sich an wie ein rohes Ei, und seien Sie froh, wenn Sie einmal zwei Stunden spazierengehen können." – Welch eine Aussicht für einen jungen Familienvater!

Doch Gott hatte andere Perspektiven für mein Leben.

Gottes Eingreifen

Als Pflegefall kehrte ich nach einer Überbrückungskur nach Hause zurück. Es war der 19. November 1949. Mit der Heimkehr erhielt ich die Nachricht, daß ich als 100 % Kriegsversehrter im Zuge der Währungsreform nur noch eine Rente von DM 100,– bekommen könne und zusätzlich für jedes unserer beiden Kinder DM 20,–. Eine

Zusatzrente wurde abgelehnt. Die Angestelltenrente, die ich aus der Reichsversicherung bezog, war auf DM 42,70 gekürzt. Im Zusammenrechnen fand ich ganze DM 182,70, die mir blieben, um meine Familie und mich durchzubringen. Das war menschlich unmöglich. So kniete ich vor Gott nieder mit der aufgeschlagenen Bibel vor mir. Indem ich immer wieder mit dem Finger auf die von Ihm gegebenen Verheißungen wies, betete ich: „Lieber Vater im Himmel, deine Verheißungen sind doch wahr. So höre mich um Jesu willen, der uns sagt (Johannes 14,13): Was ihr bitten werdet in meinem Namen, will ich tun, damit der Vater geehrt werde in mir." Nachdem ich laut eine Verheißung nach der anderen Gott vorgetragen hatte, endete ich mein Gebet mit dem Hinweis auf Johannes 6,37: „Wer zu mir kommt, den werde ich nicht hinausstoßen" und Psalm 50 Vers 15: „Rufe mich an in der Not, so will ich dich erretten, so sollst du mich preisen." Unter Tränen rief ich: „Vater im Himmel, laß mich in meiner Not nicht allein, erhöre mich. Du mußt zu deinem Wort stehen. Und wenn ich darüber sterben sollte, werde ich vor Dich hintreten und sagen: „Ich habe Deinem Wort vertraut, Du aber hast mich aufgegeben."

Ich wartete ab, was geschehen würde. Etwa am vierten Tag kam mein Freund Georg Meyer und brachte zwei Pfund Orangen mit. Dazu sagte er: „Lieber Ludwig, packe sie vorsichtig aus." Scherzweise entgegnete ich: „Das sind doch keine Eier?!" Er entgegnete: „Nein, aber du mußt sie trotzdem vorsichtig auspacken." Als er weggegangen war, packte ich eine derselben aus, warf das umhüllende Seidenpapier weg und griff zur nächsten. Indem ich das zweite Papier zusammenknüllte, dachte ich: „Wie hart ist doch dieses Papier gegenüber dem ersten." Neugierig forschte ich in dem Knäuel und fand darin einen Fünf-DM-Schein. Nun verstand ich die Mahnung des vorsichtigen Auspackens. Mit welcher Erwartung packte ich eine jede weitere aus. Doch es fand sich nichts mehr.

Meine Gedanken gingen zurück zu dem inständigen Flehen vor Gott. Sollte das der Anfang seiner Hilfe sein? Freude und Frage wechselten einander ab, bis mich Gottes Geist an das Wort erinnerte: „Wer Dank opfert, der preiset mich, und da ist der Weg, daß ich ihm zeige das Heil Gottes." Noch etwas zweifelnd sank ich auf die Knie und fing an, Gott zu danken im Warten darauf, daß Er weiteres tun würde.

Was dann geschah, kann nur der verstehen, der ähnliche Situationen erlebt hat. In Abständen von zwei oder drei Tagen wurde ich Stufe um Stufe in ein wunderbares Geschehen hineingeführt, das meinem wankenden Glauben ein festes Fundament gab.

Zunächst kam ein Brief aus Speyer. Ein Lehrer, der mit mir zuletzt in Kur gewesen war, schrieb mir, daß er meine Lieder mit der Geige seiner Schulklasse vorgespielt hatte. „Wer hat denn diese Lieder gemacht?", war die Frage der begeisterten Schüler. „Ein Mann, der sehr krank ist und kleine Kinder hat und nicht mehr arbeiten kann." „Können wir helfen?" fragten sie. „Vielleicht könntet ihr etwas zusammenlegen", ermunterte sie Herr Hammer. Als Ergebnis sandte er mir einen Zehn-

DM-Schein. Ich dankte Gott und wartete auf weitere Offenbarungen Seiner Hilfe.

Wenige Tage später kam ein Geschäftskollege. Er brachte mir DM 30,– von den Kollegen und sagte dazu in seinem pfälzischen Dialekt: „Do, unnerschreib mol. Sonscht mänen se, ich hab's versoffe." „Mensch, Heinz, wenn du wüßtest!", sagte ich zu ihm, hielt aber dann meinen Mund. Mit Gott hatte ich ausgemacht, keinem Menschen etwas zu sagen, in welcher Not ich steckte, damit ich erkennen könne, ob Er mir hilft. Dann folgte von der Firma, meinem ehemaligen Arbeitgeber, eine Überweisung von DM 100,– zur Genesung. „Herr, deine Güte reicht, soweit der Himmel ist!" Ein weiteres Schreiben jenes Lehrers beinhaltete abermals DM 10,–.

Ihm folgte sehr bald ein Brief von den „Badischen Neuesten Nachrichten" Karlsruhe. Hier war es Dr. Gillen, der schon vor längerer Zeit einen Gedichtband von mir erhalten hatte und mich wissen ließ, daß er Auszüge hiervon mit Fortsetzung im Feuilleton seiner Zeitung veröffentlichen würde. Die erste Rate hierfür betrug DM 15,–.

Wenig später sandte mir meine Arbeitgeberfirma ein großes Schweizerpaket. Es war etwa 40 Pfund schwer und beinhaltete viele kostbare Lebensmittel.

Ein großes Ereignis für mich war die Nachricht des Versorgungsamtes: „Entgegen unserem Schreiben vom... gewähren wir Ihnen hiermit eine Zusatzrente von monatlich DM 40,–, rückwirkend vom April." Das war eine Nachzahlung von DM 360,–.

Von Tag zu Tag durfte ich verspüren, wie Gottes gütige Hand über meinem Leben waltete.

Gott aber gab noch ein zusätzliches Geschenk. Ein Schreiben der Angestelltenversicherung erreichte mich mit folgendem Inhalt: „Uns ist ein großes Versehen unterlaufen. Wir haben leider nie berücksichtigt, daß Sie verheiratet sind und Kinder haben. Seit Dezember 1944 sind daher für Sie nachzuzahlen DM 1600,–, die im Zuge der Währungsreform auf DM 980,– gekürzt sind." – Das ist nach den heutigen Begriffen etwa eine Summe von DM 4000,–. Tränenüberströmt sank ich nieder und dankte Gott für seine wunderbare Durchhilfe.

Nachdem beide Renten nun auf monatlich DM 392,70 erhöht worden waren, hatte ich samt Nachzahlung für meine Familie und mich genug zum Leben.

Diesem Wunder sollten jedoch weitere folgen.

Ein Besuch und seine Folgen

Überraschend kam der Besuch eines Freundes, mit dem ich früher im CVJM gewesen war. Er erzählte mir von einer Frau, die er heiraten wollte, die dann aber plötzlich verstorben war. Er ließ sich in okkulte Praktiken ein und nahm Kontakte zum Jenseits auf, indem er sich als Schreibmedium benutzen ließ. Der Erfolg war verblüffend, denn sofort erkannte er die Handschrift seiner Freundin.

Ich wies ihn darauf hin, daß dies reiner Spiritismus sei, den Gott ausdrücklich verboten hat.

Er sah mein Harmonium in der Ecke, und ich spielte und sang ihm das Lied vor von Eleonore

Gräfin Reuß: „Ich bin durch die Welt gegangen, und die Welt ist schön und groß. Und doch ziehet mein Verlangen mich weit von der Erde los." Ich sang alle Strophen bis hin zur letzten, wo es dann heißt: „Es ist eine Ruhe gefunden für alle fern und nah in des Gotteslammes Wunden am Kreuze auf Golgatha."

Ich sah, daß Tränen in seinen Augen glänzten. „Freund", sagte ich, „du hast ein gutgehendes Geschäft und viel Besitz." „Ja, das stimmt wohl, aber glücklich bin ich nicht." Jesus wurde zum Mittelpunkt unseres Gespräches.

Dann kamen wir auf mich zu sprechen. Er wollte wissen, wo meine Familie war. Ich erwiderte: „Jenseits des Rheines, in der amerikanischen Zone." „Hättest du sie nicht gerne bei dir?" fragte er. „Natürlich, aber ich habe keine Möglichkeit, sie herüberzubringen", war meine Antwort. „Ich habe Vitamin B, d. h. Beziehungen, und will dir helfen!"

Er brachte mir einen Passierschein. Dann kam er mit seinem Transportauto – und fuhr mit mir zu meiner Familie. Die Freude des Wiedersehens war unbeschreiblich. Auf dem Rückweg hatten wir Kleider und alle möglichen Gegenstände auf der Ladefläche zum Transport in unser gemeinsames Zuhause eingeladen. Doch unterwegs brach ein unheimliches Wetter über uns herein. Nirgends gab es eine Möglichkeit zum Unterstellen. Doch ein unvergeßliches Erlebnis ereignete sich: Unter Donnern, Blitzen und Regen ringsum blieb unser Wagen trocken. Das Wasser stand schuhhoch in den Straßen.

Als wir in Ludwigshafen am Ziel ankamen,

packte mich jener Freund bei den Schultern: „Da hat uns ein Dämon durchgebracht!" Ich aber entgegnete: „Nein, Gottes Hand war es. Ich saß neben dir und habe ununterbrochen gebetet." Er darauf: „So etwas habe ich noch nie erlebt." – So groß ist unser Gott.

Eine Aufgabe für einen schwachen Menschen

Ich hatte Gott wieder als allmächtigen Herrn erfahren. Noch bevor der Umzug meiner Familie stattfand, ließ mich der Ortspfarrer wissen, daß er Leiter des volksmissionarischen Amtes geworden sei. „Würden Sie die Arbeit des Sekretärs übernehmen?" Erschrocken sagte ich: „Herr Pfarrer, ich bin ja ein kranker Mann und werde Ihre Erwartungen nicht erfüllen können."

Aber der Pfarrer ließ nicht los: „Es gibt zur Zeit nicht viel Arbeit im Amt. Pro Tag sind höchstens zwei bis drei Briefe zu schreiben. Wollen Sie es nicht probieren?" Wir einigten uns dann auf eine Probezeit. Und dies war der Anfang meiner Heilung. Um das Fieber zu bremsen, stellte ich meine Füße während der Schreibarbeit in eine Wanne kalten Wassers unter meinem Tisch. Jeden Tag ging es ein wenig besser. Am Anfang waren es zweimal fünf Minuten, die ich aufbleiben konnte. Mit der Zeit war es mir möglich, sogar zwei Stunden an einem Stück zu arbeiten. Pfarrer Kreiselmeier war mit meiner Arbeit zufrieden.

Doch er brauchte noch jemand, der die Buchhaltung machen würde. Meine Frau übernahm diesen Dienst. Wir erhielten zusammen dafür monatlich DM 80,–, was eine wertvolle Zugabe zur Rente darstellte.

Unter solch himmlischer Fürsorge schwand allmählich alle Not, so daß wir für die Kinder die nötigen Kleider und Schuhe kaufen konnten.

Dies war der Anfang meiner Tätigkeit im volksmissionarischen Amt der Pfälzischen Landeskirche.

Ischias-Leiden

Nur wenige Wochen konnten wir unbesorgt dahinleben. Meine Frau wurde von einem Ischiasleiden befallen, das so schwer war, daß sie sich kaum bewegen konnte. Ein Krankenhausaufenthalt schien unumgänglich. Doch wer sollte dann unsere Kinder versorgen? Ich war lungenkrank und hatte keine Kraft, zusätzlich einen Haushalt zu führen. Da jeder vom anderen Hilfe erwartete, waren wir einander gram und im tiefsten Herzen unglücklich. Eines Morgens sagte Friedel glaubensvoll zu mir: „Wenn du mit mir beten würdest, würde ich ja gesund werden." Ich entgegnete vorwurfsvoll: „Ich bete ja." Sie darauf: „Aber nicht richtig." Indem ich in mich ging, merkte ich, daß es an mir liege. „Friedel", sprach ich, „verzeih mir." Es schien mir das schwerste Wort der Welt zu sein. Und danach bat auch sie mich um Verzeihung.

Sie kniete mit ihren großen Schmerzen nieder, und indem ich ihr die Hände auflegte, betete ich: „Herr Jesus, lege doch bitte deine am Kreuz auf

Golgatha durchbohrten Hände unter meine Hände und laß durch die Kraft deines teuren Blutes meine Friedel aufgerichtet werden." Dann endete ich dieses kurze Gebet mit dem Segen Aarons: „Der Herr segne dich und behüte dich ..." Als ich Amen sagte, stand meine Frau auf und bekundete mir ihre Heilung. Ich konnte dies kaum fassen. In unseren Herzen war ein einziger Jubel und Dank.

Jesus heilt

Diese Zeit körperlicher Schwachheit war die segensreichste unseres Lebens. Wir erfuhren, was Paulus zugesagt bekam, daß Gottes Kraft sich besonders in der Schwachheit offenbart.

Unser Sohn bekam Diphtherie, die auf Anweisung des behandelnden Arztes sofort eine Krankenhausbehandlung notwendig machte. Wir waren erschrocken, doch wir erinnerten uns daran, daß Gott Gebete erhört. Nach der Anweisung in Jak. 5,14 legten wir unserem Jungen die Hand auf. Unter Loben und Danken vollzog sich seine Genesung. Der Arzt konnte das natürlich nicht fassen und wies ihn trotzdem ins Krankenhaus ein. So lag Uwe acht Tage lang im Krankenhaus ohne jede Behandlung, um dann als geheilt entlassen zu werden. Uns aber wurde der Glaube gestärkt.

Eines Nachts erwachten wir von dem furchtbaren Schreien von Ruth. Sie war außer sich vor Schmerz und griff dabei an ihren Kopf. Wieder erinnerten wir uns der Herrlichkeit unseres Gottes. Wir meinten, einen Angriff der Finsternis vor uns zu haben. Darum geboten wir im Namen Jesu. Der Herr half. Unser Kind wurde gesund.

Uwe war ja nun wieder zu Hause. Mit einem rostigen Stacheldraht verletzte er sich am Knie. Nach Jungenart hatte er nichts davon gesagt. Tief in der Nacht wachte er schmerzerfüllt auf und rief um Hilfe. Wir sahen zu unserem Entsetzen, daß vom Knie aufwärts bis zum Oberschenkel sich ein roter Streifen zog. Wir wußten, was das bedeutete. Zu jener Zeit hatten wir noch kein Telefon. Es war schwer, um diese Zeit einen Arzt zu erreichen. So riefen wir den Herrn an, legten unsere Hände auf die kranke Stelle und priesen das teure Blut unseres Heilandes. Als wir am Morgen erwachten, war der rote Streifen verschwunden.

Gott legt uns eine Last auf, aber Er hilft uns auch (Psalm 68, Vers 20). Das durften wir immer neu erfahren.

Gott sorgt für uns

Unser Geld war wieder knapp geworden, seit unsere Nachzahlung aufgebraucht war. Ich weiß noch, wie wir die letzte Woche des Monats mit DM 2,– anfingen. Friedel und ich legten sie auf einen Stuhl, knieten davor nieder und baten den Herrn, daß Er uns dieses Geld segnen möge.

Am selben Nachmittag kam eine Frau aus der Nachbarschaft und sagte: „Frau Katzenmaier, Sie können doch so gut häkeln. Würden Sie mir einen Taschentuchbehälter und ein Taschentuch umhäkeln? Ich gebe Ihnen dafür fünf DM." Am zweiten Tag bat mich Pfarrer Kreiselmeier, eine Familie zu besuchen, um etwas abzugeben. Diese Familie schenkte mir als Dank eine Dose mit Leberwurst und ein Säckchen Mehl. Ich dankte meinem Herrn. Am dritten Tag erhielt ich bei einem Besuch vier Eier. Am vierten Tag bat die Nachbarsfrau um einen weiteren Taschentuchbehälter. Am fünften Tag kam von einem Freund ein Paket mit vielen Lebensmitteln, so daß wir reichlich versorgt waren. Wir gingen auf die Knie und dankten Gott für die wunderbare Hilfe.

Der Mann mit der Goldbrille

Eines Tages brachte mir Pfarrer Kreiselmeier einen Brief und sagte: „Hier schreibt eine Frau, daß ihr Bruder der Trunksucht verfallen sei. Sie habe ihm DM 500,– geliehen, doch das sei wohl verloren. Ihr Bruder sei in einen unhaltbaren Zustand gekommen. Sie bat uns, dort einen Besuch zu machen." Pfarrer Kreiselmeier sagte dann weiter zu mir: „Wenn Sie gelegentlich bei besserer Gesundheit sind, schauen Sie doch mal nach, was Sie tun können." Der Brief lag etwa sechs Wochen auf meinem Schreibtisch. Ich dachte nicht mehr daran. Morgens um acht Uhr hielt ich gewöhnlich meine stille Zeit. Während ich betete, hörte ich ganz deutlich in meinem Herzen die Stimme: „Geh in die Stadt!" Ich fragte: „Wohin?" „Nun, zu dem Mann, dessen Schwester im Brief um einen Besuch bei ihrem Bruder gebeten hat." Unter einem Stapel zog ich den Brief heraus. Ich wußte sofort: das ist die Aufgabe, die dir heute zugedacht ist. Dennoch war ich nicht bereit, diesen Weg zu machen. Die Pappeln vor unserem Haus bogen sich im Wind, Regen ging nieder. Ich hatte Angst, mich zu erkälten. Deshalb setzte ich mich an meinen Schreibtisch. Doch nichts gelang. Schließlich hörte ich auf und vernahm erneut die Aufforderung: „Geh in die Stadt! Besuche diesen Mann!" Es war Samstag. Fast ärgerlich zog ich meinen Regenmantel an und suchte einen Freund auf. Ich dachte: „Allein gehst du diesen Weg nicht. Ein Trinker kann eine gefährliche Situation für dich sein. Du bist viel zu schwach, und Wilhelm ist einer, der mit Proleten umzugehen weiß."

Als ich zu ihm kam, sagte er: „Ich habe keine Lust, bei diesem Wetter in die Stadt zu gehen." Ich aber wurde ernst und sagte: „Wilhelm, ich muß es tun, ich spüre den Auftrag. Bitte, geh mit." Er, der sonst schwer zu bewegen war, entschloß sich, mich zu begleiten. Wir waren mit Omnibus und Straßenbahn etwa 45 Minuten unterwegs, bis wir schließlich an dem Hause ankamen. Wir gingen hinein, fanden die Anschrift und läuteten. In meinem Herzen war der Wunsch: Ach, wenn er doch nur nicht da wäre. Was für eine peinliche Situation! Ich will ja gehorsam sein, aber ich weiß nicht, was ich tun soll. Während ich noch so dachte, öffnete sich die Tür. Entgegen meiner Vorstellung kam ein gutaussehender Mann heraus, der eine Goldbrille trug. Er fragte nach unserem Begehren. Als der Mann nun in der Tür stand, schaute Wilhelm, den ich mitgebracht hatte, ihm ins Gesicht und rief: „Otto, kennst du mich nicht mehr?" Dieser schaute ihn an, sehr verwundert und sagte: „Wilhelm, wo kommst du her? Komm mal herein." Sie hatten sich etwa 30

Jahre lang nicht mehr gesehen. In ihrer Jugend paddelten und fotografierten sie miteinander. Danach aber verloren sie sich völlig aus den Augen. Die Überraschung war groß, als sie feststellten, daß sie nun in der gleichen Stadt wohnten.

Nach dem ersten Erzählen kam die Frage, die ja kommen mußte: „Warum kommt ihr denn eigentlich?" Ich sagte: „Vor ungefähr sechs Wochen hat mir Ihre Schwester über das volksmissionarische Amt einen Brief zukommen lassen. Den Brief ließ ich die ganze Zeit liegen; aber heute früh um acht Uhr, als ich betete... – weiter konnte ich nicht reden, denn der Mann wurde sehr aufgeregt und schrie laut auf: „Es gibt doch einen Gott! Es gibt doch einen Gott!" Er stürzte dabei auf die Erde und schlug immer wieder den Kopf auf den Boden. Dabei hob er die Hände hoch und schluchzte immer neu: „Es gibt doch einen Gott! Es gibt doch einen Gott!" Mein Freund packte ihn an den Schultern und rief ihm zu: „Was ist denn mit dir los? Bist du verrückt geworden? Was fehlt dir?" Er setzte ihn auf den Stuhl. Der Mann aber rief unaufhörlich weiter: „Es gibt doch einen Gott!" Endlich hatte er sich etwas beruhigt und erzählte uns folgende Geschichte. Indem er auf die Möbelstücke in der Wohnung deutete, auf das Klavier und die Schreibmaschine, sagte er: „Seht ihr, was daran ist? Überall klebt der Kuckuck darauf. Der Fiskus war da und hat alles beschlagnahmt." „Ja, warum?" war unsere Frage. „Weil ich alles Geld vertrunken habe." „Und wo ist Ihre Frau?" „Das ist ja das Tragische. Sie ist verschwunden. Ich habe nämlich, um wieder Geld zu bekommen, für eine Bank das Kassieren übernommen. Gestern war ich unterwegs, um alles einzutreiben. Auf dem Rückweg – ich hatte etwa DM 3000,– in der Tasche – kam ich an der mir wohlbekannten Wirtschaft vorbei. Der Wirt stand in der Tür und lud mich ein. Ich sagte: ‚Ich habe keine Zeit. Ich muß nach Hause.‘ Er aber rief mich noch einmal her und sagte: ‚Ich habe einen neuen Wein bekommen. Den mußt du probieren. Er kostet dich nichts.‘ Der Wirt war schlau. Er wußte, daß ich, wenn ich einmal getrunken hatte, bleiben würde.

So geschah es auch. Ich saß fest, und nacheinander kamen alle ehemaligen Freunde herein. Bald kreiste der Stiefel. Man war im munteren Erzählen. Da man wußte, daß ich an einer Erfindung arbeitete, fragte einer: ‚Otto, was macht deine Erfindung?‘ ‚Die wird bald patentiert‘, gab ich an. ‚Dann kannst du auch einen ausgeben‘, forderten sie mich auf. Ich war schon ziemlich betrunken und warf die kassierten Geldscheine auf den Tisch. Es wurde auf meine Kosten ausgiebig gefeiert. Als der Wirt spät endlich die Gäste hinaustrieb, waren von dem vielen Geld etwa nur noch DM 800,– übrig. Das Geld steckte ich in meine Tasche und wankte nach Hause. Meine Frau fragte: ‚Otto, wo warst du? Ich rieche es schon! Warum bist du nicht nach Hause gekommen? Du hast mir doch versprochen aufzuhören.‘ Ich bekam plötzlich solch einen Zorn, daß ich meine Frau zusammenschlug. Daraufhin warf ich mich aufs Bett und schnarchte den Rausch aus. Als ich gegen sechs Uhr morgens erwachte, kam mir zu Bewußtsein, was ich angerichtet hatte. Ich suchte meine Frau. Sie war in der Nacht noch fortgelaufen. Entsetzen packte mich, denn meine

Frau hatte mir gedroht: ‚Wenn du mich noch einmal mißhandelst, springe ich von der Rheinbrücke herunter. Ich kann so nicht mehr leben.'

Nun machte ich mich sofort auf den Weg an den Rhein, suchte die Ufer ab, telefonierte bei all unseren Freunden. Als ich gegen acht Uhr erfolglos nach Hause zurückkehrte, zerschlagen in meinem Herzen, ging ich zum Bad und bereitete alles vor, mich zu erhängen. In dem Augenblick aber, als ich dem Hocker einen Stoß geben wollte, um mein Schicksal zu vollziehen, tat ich einen letzten Blick in den Spiegel. Ich sah darin mein ängstliches Gesicht. In der benachbarten Kirche fingen die Glocken an zu läuten. Ich erinnerte mich plötzlich, als kleiner Junge gebetet zu haben. Vielleicht gibt es doch einen Gott, überlegte ich. Im Bad löste ich den Knoten, ging zur Wohnstube, kniete am Sofa nieder und schrie: ‚Lieber Gott, wenn du da bist, dann schicke mir einen Menschen. Lieber Gott, wenn es dich gibt, dann schicke mir einen Menschen!' Das tat ich von kurz nach acht Uhr, bis ich auf euer Läuten vorhin die Tür öffnete."

Ich durfte ihm die Frohe Botschaft von Jesus sagen. Otto wollte von ganzem Herzen dem Alkohol absagen.

Innerlich gedrängt schaute ich nach wenigen Tagen wieder nach ihm. Er war schon wieder in Gefahr gewesen. Erneut beteten wir miteinander. Ab da mahnte Gott mich immer wieder, wenn etwas los war, nach ihm zu schauen. Otto brauchte keinen Telefonanruf an mich zu tätigen. Gott gab es mir immer ins Herz, wenn er in Not war. Da merkte Otto, daß Jesus am Werk war und seine Seele erretten wollte. Dieser Mann wurde ganz frei. Die Frau kehrte zurück, ebenso die Tochter, die viele Jahre wegen des Trinkerelends nicht nach Hause gekommen war. Auf meine Bitte hin lieh ein Freund von mir ihm das Geld, damit nicht sein Posten als Kassierer verlorenging. Gott hatte ein neues Fundament in Ottos Leben gelegt.

Wunderbare Dinge geschehen

Allmählich besserte sich mein Zustand. Mit dem damaligen Gemeindehelfer Kurt bestand eine herzliche Verbindung. Ihm stand ich in der Jugendarbeit bei. Kurt fand schon als Kind zum Glauben an Jesus. Er war noch nicht in der Schule, als er spinale Kinderlähmung bekam. Von diesem Übel her hatte er ein lahmes Bein. Dieses war zusätzlich etwa 11 cm kürzer. Er mußte gewöhnlich im Rollstuhl transportiert werden. Sein Zustand verschlechterte sich, und jeder glaubte, er müsse sterben. Da sah er eines Tages eine feurige Handschrift, die in die Wolken schrieb: „Herr, du bist unsere Zuflucht für und für." Aufgrund dieses Wortes glaubte er, daß er eines Tages von Gott eingesetzt würde. Nun war er Gemeindehelfer und konnte durch die Gnade Gottes laufen. An dem einen Schuh wurde ein Absatz von etwa 11 cm angebracht. Außerdem benutzte er einen Stock, um sich besser fortbewegen zu können. Sein Herz brannte für Jesus.

Das Unglaubliche geschah. Tag für Tag wuchs das Bein. Mit der Zeit war es genauso lang wie das andere. Das geschah im Alter von 18 Jahren.

Die Krankheit aber hatte er als Kind von sechs Jahren gehabt. Wo ist solch ein Gott wie Du!

Eines Tages mußte er wegen fürchterlicher Kopfschmerzen ins Krankenhaus eingeliefert werden. In wenigen Tagen ging er nach Hause in die Ewigkeit. Ein großer Schmerz erfüllte mich.

Nun hatte ich die Jugendarbeit vorerst allein. Doch bald bekam ich Hilfe. Von Heidelberg kam ein Theologiestudent, Walter Trobisch, der das Praktikum in der Gemeinde zu absolvieren hatte. Er wurde Vikar und stieg gleich voll in die Jugendarbeit ein. Mit ihm verband mich eine herzliche Freundschaft, die sich auch später durch das Leben fortsetzte. Walter Trobisch ging später mit seiner Frau nach Afrika und wurde vielen Menschen zum Segen.

(Einen Teil seiner Lebensgeschichte beschreibt er in seinem Buch „Ihr werdet erfahren, daß ich der Herr bin! – Von Tchollire bis Lichtenberg. –" Editions Trobisch, Kehl am Rhein.)

Ein tragischer Unfall und Gottes Eingreifen

Ich lernte eine Familie kennen, die sich als Flüchtlinge ausgab. Die zwei Kinder dieser Familie waren allein daheim gewesen, während die Mutter in einer Wirtschaft beim Trinken war. Als sie angetrunken schließlich nach Hause kam, rannte die kleine Inge, ihre Tochter, gerade durch das Haus und schrie mit lauter Stimme: „Der Schorschi ist tot! Der Schorschi ist tot." Der kleine Junge hatte an der Steckdose einen Stromschlag erlitten. Das war ein Jammer! Die Frau war nun der fahrlässigen Tötung angeklagt, und zur Beerdigung des kleinen Jungen bekam der Vater acht Tage Urlaub aus dem Gefängnis. Genau in dieser Zeit lernte ich diese Menschen bei einer Zeltmission kennen, wo sie ihre Entscheidung für Christus trafen.

Ich konnte mit beiden sprechen. Die Frau war ja angeklagt, und bald fand eine Gerichtsverhandlung statt. Mit einigen Freunden ging ich zur Gerichtsverhandlung. Wir umbeteten den Staatsanwalt und alle, die mit zu entscheiden hatten. Dann geschah, was kaum zu glauben war: ein Freispruch erfolgte. Wie waren wir dem Herrn dankbar, denn diese Frau hatte sich ja geändert. Außerdem war sie krank gewesen. Auf Gebet und Handauflegung hin war ihr Blutgang gestillt. Gott hatte Wunderbares im Leben dieser Menschen getan.

Inzwischen hatte der Mann seine Gefängniszeit abgebüßt. Wir fingen in dem Hause von ihnen einen Hausbibelkreis an. Der Mann konnte, durch seine Krankheit bedingt, sehr schlecht laufen. Es war fast unmöglich, daß er seinen Beruf als Schlosser wieder ausführen konnte. Der Herr zeigte mir, für ihn zu beten. Er war augenblicklich gesund und konnte laufen. Für mich waren das Erlebnisse, die mich faszinierten. Wie von einer geistlichen Hochflut getragen, ging ich umher und schaute aus, wo der Herr mich gebrauchen könnte.

Eines Tages brachte dieser Mann aus einem Mannheimer Bordell eine junge Frau mit, die sich bekehren wollte. Sie hatte rechts und links in ihrem Leib Tumoren. Der eine war so groß wie eine Walnuß, der andere so groß wie eine Orange. Sie war in großer Angst.

Nach ihrer Lebensbeichte legte ich ihr die Hände auf, und Gott rührte sie an! Vier Wochen später läutete bei mir an der Haustüre eine junge Frau, die blühend aussah. Sie sagte: „Ich komme nur, um mich zu bedanken, denn ich bin vollkommen heil. Eine Operation ist überflüssig." Sie sah so gut aus, daß ich sie nicht wiedererkannt hatte.

Doch immer neu wurde mir bewußt, daß alle Heilung des Körpers vergänglich war, und daß es zuerst um die Rettung der unsterblichen Seele ging.

Neue Aufgaben

Im Herbst 1950 fand eine Tagung der Pfarrergebetsbruderschaft statt. Mir war die Aufgabe übertragen worden, Quartiere zuzuweisen und das Geld zu kassieren. Außer den Pfarrern und ihren Frauen war ich der einzige Laie, der teilhaben durfte. Ich konnte nicht nur zuhören, sondern gelegentlich auch eine Frage stellen. Dadurch war ein Missionarsehepaar aus Frankreich auf mich aufmerksam geworden. Bei Tisch saß ich neben der Frau. Sie wirkte ziemlich niedergeschlagen. Ich fragte sie, was ihr fehlen würde, und sie gab mir zur Antwort: „Ich trage einen Pneumothorax und erwarte ein Kindlein. Nun habe ich große Sorge um dieses Kind." Ich erzählte ihr, daß ich ebenfalls einen Pneumothorax trage, und daß Gott mir auf wunderbare Weise bis heute durchgeholfen hatte. Sie war sehr ergriffen davon und redete danach mit ihrem Mann darüber. Dann kamen beide auf mich zu und fragten mich, ob ich bereit sei, im kommenden Jahr im Elsaß die Festpredigt während des Jahresfestes zu übernehmen. Ich gab zu bedenken, daß ich der einzige Laie hier sei, und daß ich derartiges noch nie getan hätte. Sie sagten: „Wenn Sie nur Ihre Erfahrungen und Erlebnisse erzählen. Das genügt schon. Es ist Zeit, daß wieder ein Deutscher herüberkommt." Nun war ich nicht mehr ganz so gehemmt und sagte: „Wenn es nur um Zeugnisse geht, die kann ich erzählen, wie ich sie eben Ihnen erzählt habe."

Im kommenden Jahr wurde ich rechtzeitig angeschrieben. Die beiden hatten die Sache nicht vergessen. So fuhr ich nach Frankreich und hielt tatsächlich diese Festpredigt. Der Geist Gottes hatte mich mit großer Freude erfüllt. Als die Versammlung vorbei war, kamen die Leute auf mich zu und suchten die Aussprache.

Am Nachmittag wurde ich zum Geißberg eingeladen, um in der Mennonitenkirche zu sprechen. Als man mich dort gehört hatte, wurde ich nach Hunspach eingeladen. – Es war eine kleine Versammlung in einer Bauernstube. Gott wirkte mächtig. Das war der Start zu einem anderen Amt, das Gott mir anvertraute.

Als ich zurückgereist war von Frankreich, mit großer Freude im Herzen, kam sehr bald Post, daß der Evangelist Ludwig Katzenmaier, der ich ja gar nicht war, eingeladen sei zu einer Evangelisation. Ich war erschrocken darüber, denn noch nie zuvor hatte ich eine Evangelisation gehalten, noch dazu eine, die acht Tage dauern sollte. Ich hatte meine Bedenken, aber die Geschwister dort sagten: „Der Herr war mit dir und wird dir auch helfen." So wartete ich darauf, wie Gott mich weiter leiten würde.

Der Einsatz in Hunspach brachte viele neue Erfahrungen mit sich, vor allem was die Seelsorge anbetraf. Aber auch da gab mir der Herr Vollmacht.

Eine Frau hatte jahrelang von ihrem gefallenen Sohn Besuch. Oft erschien er ihr, wenn sie nachmittags am Bügeln war und redete mit ihr. Als wir gebetet hatten, war sie frei von diesen Erlebnissen. Solche Erlebnisse grenzen an Spiritismus, zumal der Sohn nicht erlöst war. Sie sind von unserem Glauben her abzulehnen.

Als dieser Dienst hinter mir lag, wurde ich um drei weitere Evangelisationen im Elsaß gebeten, die ich dann auch hielt. Nachdem ich von diesen Diensten zurückkam, die sehr viel Seelsorge mit sich gebracht hatten, sagte mein Chef, Pfarrer Kreiselmeier, zu mir: „Was Sie im Ausland können, das können Sie auch hier. Ich ernenne Sie hiermit zum Volksmissionar." Damit war die Tür für die Arbeit in der Pfalz geöffnet.

Bruder Daniel

Nun kam eine Zeit mit vielen Begegnungen in Gemeinschaften und kirchlichen Räumen. In Ludwigshafen war Peter Preiß auf den Gedanken gekommen, eine Möttlinger Stunde einzuführen. Daniel, ein Schuhmachermeister im Ruhestand, hielt die Versammlung. Seine Ursprünglichkeit und sein direktes Reden mit Gott führte auch mich in tiefere Gemeinschaft mit Gott hinein. Er war inspiriert vom Heiligen Geist. Einige Begegnungen aus seinem Leben möchte ich weitergeben.

Mit dem Fahrrad fuhr er in die verschiedenen Dörfer zu den Versammlungen. Eines Abends auf der Heimfahrt verfuhr er sich und fand sich in der Dunkelheit nicht mehr zurecht. Vor einem Dorf angekommen, sah er an der Seite einen Mann stehen, dem er zurief, er möchte doch herkommen und ihm den Weg zeigen. Der Mann kam langsamen Schrittes näher. Daniel sprach ihn an und sagte: „Mann, warum sehen Sie so düster aus?" Der Mann griff in die rechte Manteltasche und zog einen Strick heraus. Er sagte: „Erhängen will ich mich." Nun wußte Daniel, daß ihn Gott hierher geführt hatte. Deswegen hatte er sich verfahren müssen. Er redete mit dem Mann, betete mit ihm und begleitete ihn ein Stück Weg nach Hause. Dann fuhr er weiter. Er sagte ihm noch, er würde in der nächsten Zeit mal vorbeikommen.

Als Daniel einige Zeit später an einem Sonntagmorgen durch diesen Ort fuhr, läutete er an der Haustür. Niemand öffnete. Eine Nachbarin erklärte: „Der ist soeben mit seiner Frau in die Kirche gegangen." Das war für Daniel die Bestätigung, daß dieser Mann ein neues Leben angefangen hatte.

In dem Ort, in dem Daniel vorher als Schuhmachermeister tätig war, spielte er zuweilen auf seinem Harmonium und sang dazu. Der Nachbar kam dann regelmäßig auf den Hof und fing an, Holz zu hacken. Dabei seufzte und stöhnte er laut. Wenn Daniel aufhörte zu spielen, hörte der Nachbar auf zu hacken. Leute erzählten Daniel, daß dieser Mann einen ungeheuren Zorn hätte wegen seines Harmoniumspiels. Daniel fing an, für diesen Mann zu beten. Tag für Tag kam der Mann weiterhin zum Holzhacken, sobald das Harmoniumspiel einsetzte. Der Herr gab Daniel ein: „Ich könnte doch meine Lieder mit ‚So nimm denn meine Hände‘ beschließen."

Etliche Zeit später kam dieser Mann mit einem Paar Schuhe zu ihm und sagte: „Meister, ich möchte einmal zu Ihnen kommen, weil ich gehört habe, daß Sie ein guter Schuhmacher sind." Daniel sagte: „Ja, ich sah, daß Sie oft bei meinem Harmoniumspiel herauskamen, um Holz zu hacken. Weil Sie so sehr Asthma haben, habe ich für Sie gebetet." Daraufhin sagte der Mann: „Wenn Sie wüßten, was für Gedanken in meinem Herzen waren." „Davon habe ich schon gehört", entgegnete Daniel. „Aber ich spielte dann unter Gebet jedesmal am Schluß das Lied: So nimm denn meine Hände." Er darauf: „Dieses Lied erinnerte mich an meine Einsegnung. Daher ist mein Herz verwandelt. Bitte helfen Sie mir." Der Mann fand zum lebendigen Glauben an Jesus Christus. Durch Segnen und Gebet schenkte Gott Verwandlung.

Ein andermal war Daniel in einem Ort, in dem eine Mutter sehr krank geworden war. Diese Frau war mit vielen verfeindet. Um ihr Bett standen nun alle Angehörigen, die ihren Tod erwarteten. Auf die Bitte der Angehörigen hin, daß Daniel für die Kranke beten möchte, sagte er: „Ihr glaubt ja alle nicht. Meint ihr, ich lasse mich von euch verspotten, wenn ich hier vor Gott niederknie?" Sie sagten daraufhin: „Nein, angesichts des Todes unserer Mutter bleibt uns jeder Spott fern. Bitte beten Sie für diese Frau." Daniel sagte daraufhin: „Sie ist verloren, denn in einem solchen Zustand, wie ihr ihn geschildert habt, fährt sie in die Hölle für alle Ewigkeit." „Bitte, bitte, beten Sie für unsere Mutter", wurde wiederum gesagt. Daniel trat darauf an ihr Bett und rief: „Mutter, aufgewacht! Ihr dürft in einem solchen Zustand nicht sterben, sonst seid Ihr verloren. Aufgewacht! Gott will Euch Gnade geben. Bekehrt Euch, solange Ihr noch die Möglichkeit habt."

Die Frau war aber bereits in der Agonie. Daniel fiel mehrmals auf die Knie, stand wieder auf und gebot den Finsternismächten zu weichen. Auf einmal tat sie die Augen auf und konnte sprechen. Er schob ihr ein Kissen unter den Rücken und sprach mit ihr über ihre Not. „Wollen Sie Ihr Leben ändern?" fragte er laut. „Ja", antwortete die Kranke, „das will ich." Nun wandte sich Daniel den Leuten zu: „Jetzt versöhnt euch alle miteinander. Auch die Nachbarn sollen kommen, mit denen Mutter in Feindschaft lebte." Daniel ging danach zu den Geschwistern, wo er die Versammlung halten sollte. Er war mit der Predigt noch nicht zu Ende, als die Leute aus dem Nachbarhaus hereingestürmt kamen, deren Mutter im Sterben gelegen hatte. „Bruder Daniel", riefen sie, „Mutter sitzt in der Küche, trinkt Kaffee und ißt Musebrot."

Wunderbar! Der Herr hatte sie zum Leben zurückgerufen. Sie lebte noch zwei Jahre, ging den Weg mit Jesus, starb in Frieden mit Gott und Menschen.

Daniel wußte nie im voraus, über was er sprechen würde. Seine Art war es, die Bibel aufzuschlagen, einen Abschnitt vorzulesen und darüber dann zu predigen. Durch ihn lernte ich, frei zu sprechen. Denn wenn er zu Ende war, forderte er mich meist auf, etwas zum Text zu sagen. Es war die beste Bibelschulausbildung, die ich erfahren konnte.

Gott rührt meine Frau an

Meine liebe Friedel litt oft an Mandelabszessen, die ihr große Schmerzen bereiteten. Ich riet ihr zu einer Mandeloperation, damit sie endlich Ruhe bekäme. Doch bei der Operation wurde ein Nerv des Gaumensegels verletzt. So konnte sie danach nicht mehr richtig sprechen. Es war ein furchtbares Gerede. Etwa acht Monate waren in diesem Zustand vergangen, und wir hatten uns schon fast damit abgefunden, dieses Übel zu ertragen. Eines Tages war Bruder Daniel wieder da. Meine Frau ging zu ihm zur Aussprache. Er fragte sie: „Willst du aus Hochmut wieder deutlich sprechen können?" „Nein", sagte sie, „meine Familie kann mich kaum verstehen. Darum bitte ich dich, bete mit mir, damit der Herr helfen kann." Nach dem Gebet konnte sie augenblicklich wieder richtig sprechen. Glücklich waren wir über die Güte des Herrn.

Um was darf man Gott bitten?

Bernhard war von Beruf Metzgermeister. Ich lernte ihn über den Marburger Kreis kennen.

Eines Tages besuchte er mich und sagte zu mir: „Warum quälst du dich so ab und hast kein Auto?" Ich sagte: „Den Führerschein habe ich wohl, aber ein Auto zu kaufen ist mir unmöglich. Das kann ich wirklich nicht." Berni sagte zu mir: „Hast du schon darum gebetet?" Ich antwortete kopfschüttelnd: „Nein. Man kann doch so etwas von Gott nicht erbitten!" Die Antwort von Berni aber war: „Du brauchst doch dein Auto, um Jesus besser dienen zu können, wenn du gerufen wirst." Ich sagte: „Dafür möchte ich es auch verwenden, aber darf man Gott um ein Auto bitten?" „Natürlich", sagte er, „komm, wir gehen auf die Knie." Zögernd ging ich mit. Daraufhin betete er und sagte: „Vater im Himmel, mein Bruder braucht ein Auto. Wir dürfen dich um alle Dinge bitten. Es geht nicht um einen Luxus. Bitte besorge meinem Bruder ein Auto." Daraufhin sagte er: „So, jetzt mußt du auch darum bitten." Ich tat es, wenn auch fast mit Widerwillen, aber ich war doch gespannt, wie die Sache ausgehen sollte.

Etwa vier Wochen später war ich bei meinem Freund Wilhelm, um ihn zu bitten, mich mit seinem Auto zu einem Dienst zu fahren. Daraufhin sagte er: „Ich fahre dich ja wirklich gerne, aber du müßtest selbst ein Auto haben." Ich antwortete: „Ja, das ist mir klargeworden. Ich habe darum gebetet." „So", sagte er, „dann ist ja alles klar. Mir hat nämlich der Herr gesagt, daß ich dir mein Auto schenken soll. Hier hast du es." – Der erste Wagen meines Lebens. So groß ist Gott!

Ich finde Brüder, und mein leiblicher Bruder findet zu Jesus

In der volksmissionarischen Arbeit lernte ich Pfarrer Fritz Risch kennen und einige andere Brüder. Er nahm mich in seinem Freundeskreis auf und führte mich in Tagungen ein.

Größere Tagungen veranstalteten wir im Martin-Butzer-Haus. Über weitere Freunde lernte ich auch Eugen Vinnai kennen, einen Kunstmaler, Bergsteiger und Evangelisten. Zusammen mit diesen Brüdern führten wir Tagungen für suchende Menschen, aber auch Tagungen zur Weiterführung schon gläubig gewordener durch.

Eines Tages hielt Eugen Vinnai einen Vortrag, zu dem zum ersten Mal mein leiblicher Bruder Hans mitgekommen war. Hans war dem Glauben gegenüber ablehnend. Als er nach langer Kriegsgefangenschaft von Rußland nach Hause kam, war sein erstes, mir das Tischgebet zu verbieten. Wir wohnten damals alle noch zusammen im Haus, das die Eltern gemietet hatten. Ich war darüber tief bedrückt. Daß mein Bruder nun hier in dieser Versammlung saß, hatte folgende Bewandtnis: Eines Nachts hatte er ein seltsames Erlebnis, das er mir am anderen Morgen erzählte und dann sagte: „Ich habe nie an Gespenster oder Derartiges geglaubt, aber seit heute nacht weiß ich, daß es so etwas gibt." Und er fuhr fort: „Wenn es so etwas gibt, dann muß es auch einen Gott geben." Das war der Anfang gewesen, daß wir miteinander ins Gespräch kommen konnten. Gott wählte für ihn einen ungewöhnlichen Weg, um ihn offen zu machen für Ihn.

Nun saßen wir im Vortrag von Eugen Vinnai. Dieser schaute über die Versammlung von etwa 80 Menschen hinweg direkt auf meinen Bruder Hans, den er nicht kannte, und sagte: „Dort hinten sitzt einer, der ist sehr skeptisch und denkt: ‚Was will denn der da vorne mir sagen.'" Mein Bruder reagierte darauf nicht, es traf sein Herz.

Wenige Wochen später besuchte er eine Tagung, die wieder Eugen Vinnai mit mir zusammen hielt. Nach einer Wortverkündigung nahm er mich beim Arm und sagte: „Lud, komm, wir gehen in den Wald." Da sprachen wir miteinander über Jesus. Ich durfte die Freude erleben, daß mein leiblicher Bruder auch mein geistlicher Bruder wurde. Sehr bald brachte er auch seine Frau mit, die aus der Kirche ausgetreten war. Sie fand auch den Weg zu Jesus. Es war eine glückliche Zeit für uns, denn nun hatte ich durch Gottes Gnade Unterstützung in jeder Weise. Selbst finanziell half mir mein Bruder lange Zeit durch. Vor wenigen Jahren starb er an Krebs. Sein Heimgang war ein Triumph des Glaubens.

Gottes Wege

Nun war ich viel unterwegs, auch in der Zusammenarbeit mit Hermann Risch. Wir waren in Kollweiler, um dort einige Vorträge zu halten. Zusammen bewohnten wir ein Zimmer in einem Privathaus. Als ich morgens in der Frühe aufwachte, sah ich Hermann schon um fünf Uhr in seinem Bett sitzen und schreiben. Nachdem ich wieder eingeschlafen war und ihn um sieben Uhr immer noch bei seiner Tätigkeit sah, fragte ich ihn: „Was tust du eigentlich?" Er antwortete: „Beim Bibellesen und Gebet hat Gott mir heute morgen gezeigt, daß die Lehrerin des Ortes und noch ein anderer Mann zum Glauben kommen werden." Ich war überrascht über eine solche Aussage. Es bewahrheitete sich. Nach wenigen Tagen unseres dortigen Einsatzes fand diese Lehrerin zum lebendigen Glauben.

Dieser Sohn von Fritz Risch, nämlich Hermann Risch, war ein ebenso begnadeter Mann. Er war Pfarrer in Ludwigshafen. Eines Tages ging an ihn der Ruf, Sekretär der Pfarrergebetsbruderschaft zu werden. Dort übernahm er die segensreiche Aufgabe des Seelsorgers.

Eines Tages wurde er sehr krank. Zeitweilig traten Krämpfe in seiner Hand auf. Ein Spezialarzt stellte einen Tumor in seinem Kopf fest. Der Arzt riet zunächst zu einer Operation. Dabei zeigte es sich, daß der Tumor mit einem wichtigen Lebensnerv verbunden war und nicht entfernt werden konnte. Hermann Risch wurde völlig gelähmt. Ich besuchte ihn. Er konnte nicht mit uns reden, aber es war ihm möglich, Töne von sich zu geben. In Form von Liedanfängen und Chorälen teilte er uns seine Gedanken mit. Dann ging er heim zu Jesus. Dieser Freund war mir ein großer Segen gewesen.

Seine liebe Frau schrieb über ihren inneren Kampf nach seinem Tode das feine Buch: „Gott tröstet", erschienen im Brockhaus-Verlag.

Krankheit meiner Mutter

Silvester 1952 verbrachte ich mit meiner Mutter und mit meinen Geschwistern zu Hause. Wir knieten beim Glockenläuten nieder und zogen jeweils eine Losung für das kommende Jahr. Losungen sind keine Orakel, aber sie geben manchmal Wegweisung. Meine Mutter zog die Losung: „In meines Vaters Hause sind viele Wohnungen." Darunter stand ein Liedvers: „Ich möchte heim, mich zieht's zum Vaterhause." Auf meiner Karte stand: „Es ist noch eine Ruhe vorhanden dem Volke Gottes."

Mutter brach in Tränen aus und sagte: „Nun weiß ich, daß ich nicht mehr lange leben werde. Gott wird mich bald heimholen." Erschrocken sagte ich: „Mutter, geht es dir nicht gut?" Sie sagte: „In letzter Zeit fühle ich mich sehr schwach. Außerdem spüre ich seit längerer Zeit ein größeres Gewächs in meinem Unterleib, das ständig an Größe zunimmt." Sie ging gleich nach Neujahr zum Arzt und wurde danach ins Krankenhaus eingeliefert. Vom Arzt erfuhren wir: „Ihrer Mutter kann nicht mehr geholfen werden. Sie hat im ganzen Körper Krebs." Das war ein Schrecken für uns. Mutter, die oft Krebskranke besucht hatte, wußte bald, was los war. Nun begann eine schwere Leidenszeit.

Gott sorgt für ein „Taxi" und ein Einzelzimmer

Auch für mich gab es eine Bedeutung bezüglich der Losung: „Es ist noch eine Ruhe vorhanden dem Volke Gottes." Bis dahin hatte ich im volksmissionarischen Amt Dienste getan und war kaum zur Ruhe gekommen. Nun empfahl mir der Arzt, meinen Pneumothorax eingehen zu lassen, da die Lunge abgeheilt wäre. Das war ein großes Wunder. Dazu sollte ich eine Kur in Dannenfels am Donnersberg antreten.

Mit meinen Koffern stand ich an der Bushaltestelle. Der Bus war mir vor der Nase weggefahren, den ich erreichen wollte, und ich war in Besorgnis, den Zug rechtzeitig zu erreichen.

Während ich überlegte, hielt plötzlich ein Wagen. Die Tür ging auf. „Steigen Sie ein, ich nehme Sie mit", sagte eine männliche Stimme. „Wieso kommen Sie dazu, mich mitzunehmen?" fragte ich. „Ich kenne Sie", war die Antwort, „kürzlich waren Sie in meinem Geschäft, um für einen Bettler ein Paar Strümpfe zu kaufen." Wie dankbar war ich. Als ich angekommen und im Begriff war, in den Zug einzusteigen – er wurde noch von einer Dampflokomotive gezogen –, fiel mir ein Stückchen Ruß ins Auge. Der Schmerz war kaum auszuhalten. Ich taumelte am Zug entlang, um eine neue Wagentür zu finden. Als ich die Türe öffnete, kam mir eine Krankenschwester entgegen, die mir half, meine Koffer heraufzuheben. Ich sagte: „Können Sie mir helfen? Mir ist eben ein Stück Ruß ins Auge gekommen, und es schmerzt furchtbar." Sie sagte: „Das ist kein Problem. So etwas begegnen wir täglich, denn ich assistiere bei einem Augenarzt." Sie klappte meinen Augendeckel hoch, nahm das Stück heraus, und der Schmerz war vorbei. Wie dankte ich meinem Herrn für diese rasche Hilfe. Nun kamen wir ins Gespräch, die katholische Nonne und ich, der evangelische Volksmissionar. Wir stellten froh fest, daß wir beide den Herrn Jesus sehr lieb hatten.

In Worms mußte ich umsteigen. Nachdem ich Platz genommen hatte, bemerkte ich einen Mann, der wie ein Geistlicher aussah. Ich sprach ihn an: „Verzeihen Sie bitte, Sie sehen aus wie ein Pfarrer." Er antwortete: „Bin ich auch. Ich bin der Pfarrer von Dannenfels." Welch ein merkwürdiges Zusammentreffen! Ich wollte nach Dannenfels in die Kur, und nun traf ich den Pfarrer von dort. Er erzählte mir nun, daß der Chefarzt des Sanatoriums, die leitende Schwester und der Hausmeister Menschen seien, die den Weg des Glaubens gingen.

Wie freute ich mich. Ich erkundigte mich auch, wie die Unterbringung sei. Er sagte: „Das sind alles Sechs-Bett-Zimmer." Darüber war ich sehr bedrückt, denn mein Verlangen war, ein kleineres Zimmer zu haben, um beten zu können. So betete ich im Glauben kühn: „Herr Jesus, gib mir doch bitte ein Einzelzimmer." Dies war menschlich ja gar nicht möglich. Als wir ausstiegen, verabschiedete sich der Pfarrer mit den Worten: „Sie sind in meinem Hause willkommen, wann immer Sie wollen." Mit mir stiegen noch etwa zehn junge Männer aus, die ebenfalls dem Sanatorium zustrebten. Sehr bald stellte sich die Oberschwester vor. Sie schaute mich an und sah sich dann auch nach den anderen Leuten um. Nacheinander führte sie die Leute auf ihr jeweiliges Zimmer, bis ich schließlich allein auf dem Flur stand. Endlich kam die Schwester wieder und sagte: „Ich habe Sie nicht vergessen. Sie sind deshalb zuletzt dran, weil ich Ihnen ein Einzelzimmer zugedacht habe." Daß Gott meinen Wunsch erfüllte; wie dankte ich Ihm dafür! Sie sagte dann weiter: „Dieses Einzelzimmer hat eine Besonderheit, denn von seinem Fenster kann man direkt ins Freie steigen. Viele haben es schon dazu benutzt, abends noch einen Gang ins Dorf zu tun, um Wein oder Bier zu trinken. Ich weiß, ich kann Ihnen vertrauen. Sie werden keinen hindurchlassen." Welche Gnade Gottes, der dieser Frau die Augen öffnete, und welche Fürsorge, daß Gott dadurch meinen Wunsch möglich machte.

Ein Laie auf der Kanzel

Bei gelegentlichen Besuchen im Pfarrhaus fühlte ich mich sehr wohl. Nach etwa 14 Tagen sagte der Pfarrer zu mir: „Ich habe in vier Wochen das Gustav-Adolf-Fest zu halten. Ich fühle mich zu schwach, morgens in Dannenfels den Gottesdienst und nachmittags noch das Fest zu gestalten. Sind Sie bitte bereit, für mich den Gottesdienst zu übernehmen." Ich antwortete: „Herr Pfarrer, ich bin nur der Sekretär des volksmissionarischen Amtes!" „Das macht gar nichts. Da nachmittags in Stetten das Gustav-Adolf-Fest ist, kommen am Morgen nur wenig Leute. Trotzdem muß der

Gottesdienst gehalten werden. Sie würden mir einen wichtigen Dienst erweisen." „Gut", sagte ich, „dazu bin ich gerne bereit." Von zu Hause ließ ich mir den schwarzen Anzug schicken. Ich dachte: ‚Auch wenn es nur sechs Leute sind, will ich mich für den Gottesdienst gründlich vorbereiten.'

Ich wählte die Stelle Matthäus 7, Vers 7 und 8: „Bittet, so wird euch gegeben, suchet, so werdet ihr finden..." Da ich viel liegen mußte, hatte ich Gelegenheit, darüber nachzudenken.

Während ich schrieb, kamen einige Neugierige auf mich zu und fragten: „Was schreibst du denn da? Das ist doch kein Brief?" „Nein", sagte ich, „ich arbeite an einer Predigt." „Bist du Pfarrer?" „Nein", antwortete ich, „der Pfarrer bat mich, in vier Wochen den Gottesdienst für ihn zu übernehmen. Es sind nur etwa sechs Leute da." Voller Begeisterung antworteten sie: „Das wird ja interessant!" Ich sagte: „Bitte, redet nicht weiter darüber. Das geht niemand etwas an." Ich erreichte aber genau das Gegenteil. Die anderen Patienten erfuhren es auch, und schließlich erfuhr ich, daß sämtliche 70 Patienten zu jenem Gottesdienst kommen wollten, um ihren Mitpatienten zu hören. Aber auch der zweite Arzt hatte es im ganzen Ort bekanntgemacht: „An jenem Sonntag spricht ein Patient von uns." Ich ahnte nicht, was auf mich zukommen würde.

Der Sonntag kam. Ich hatte mich mit dem schwarzen Anzug bekleidet und befand mich bei dem Pfarrer, um mit ihm noch einmal die Liturgie durchzusprechen. Die Glocken fingen an zu läuten. Aus dem Ort begann die Bevölkerung herbeizuströmen. Ebenso sah ich Patienten, Schwestern und Ärzte zur Kirche gehen, am Pfarrer vorbei. Erschrocken sagte ich: „Herr Pfarrer, die Leute haben wohl irgendwie etwas verwechselt? Die meinen vielleicht, hier sei das Gustav-Adolf-Fest?" „Nein, nein", sagte der Pfarrer, „die kommen wegen Ihnen." Mir zitterten die Knie. Alles war voll, bis hinauf zur Empore. Sogar auf der Treppe standen die Leute. Stühle wurden herbeigeschafft. Es war ein Besuch, wie nie dagewesen, selbst an hohen Festtagen, versicherte mir der Pfarrer. Alles war voller Spannung – und erst recht ich.

Einer der Patienten hatte seine Wasserpistole mitgebracht und sagte am Eingang der Kirche zu mir: „Du, wenn du stotterst, schieße ich hinauf." Er setzte sich direkt unter die Kanzel. Nun ging der Dienst los. Der Herr gab Gnade. Während der Predigt gebrauchte ich allerlei Sätze und Worte, bei denen ich nicht wußte, daß sie eine Beziehung zu den Zuhörern haben konnten. Der mit der Wasserpistole zum Beispiel hatte in seinem Ort den Schimpfnamen „Pharisäer". Ich hatte davon natürlich keine Ahnung, als ich über Pharisäer und Schriftgelehrte sprach und ihn dabei fest anschaute. In diesem Augenblick zog er seine Wasserpistole und richtete sie drohend auf mich.

Danach sprach ich vom Satan, dem Durcheinanderwerfer. Oben auf der Empore stand einer, der sich getroffen fühlte, und ballte seine Faust. Er hatte bei seiner Firma den Spottnamen „Satan". – Als der Gottesdienst aus war, haben meine nächsten Kameraden mich umringt und sagten: „Du hast uns fertiggemacht. Wir haben naßgeschwitzte

Hemden an." Das war der Anfang für ein größeres Wirken in dem Sanatorium. Durch Gottes Gnade wurde mein Einzelzimmer zum Seelsorgezimmer. Menschen kamen zu mir, sprachen ihre Nöte aus und fanden zu Jesus.

Vom Segen des „Zehnten"

Eines Tages kam ein Brief von zu Hause. Meine Frau schrieb mir, daß sie beide Renten, sowohl die Angestellten- als auch die Militärrente, wohl beim Metzger oder Bäcker verloren hätte. Wir hätten nun diesen Monat kein Geld zum Leben. Ich dachte darüber nach, warum Gott das wohl zugelassen hatte. In meinem Brief fragte ich meine Frau: „Hast du auch den ‚Zehnten' gegeben?" Sie verneinte es.

Wie war ich dazu gekommen, den „Zehnten" zu geben? In der evangelischen Gemeinschaft hatte ich einen Bruder kennengelernt, der aus dem Osten in die Bundesrepublik zurückgekehrt war. Dieser Mann, ein Schreinermeister, hatte im Keller des Hauses der evangelischen Gemeinschaft eine Werkstatt eingerichtet. Er sagte mir, sein Segen beruhe darin, daß er von allem, was er habe, den zehnten Teil gebe. Er erinnerte mich an die Bibelstelle Maleachi 3, wo es heißt: „Prüfet mich hierin, ob ich euch nicht des Himmels Fenster auftun werde und Segen herabschütte die Fülle. Bringt den Zehnten ganz in mein Kornhaus." Angeregt durch diesen Mann beschloß ich, ab diesem Augenblick das gleiche zu tun. Voller Erstaunen erfuhr ich die Segnungen Gottes.

Während meines Wegseins hatte meine Frau nicht an diese Abmachung gedacht, die wir mit Gott besprochen hatten. Nun war mir klar, daß Satan versuchte, uns vom Geben abzuhalten, nachdem wir das Geld verloren hatten. In mir hieß es: „Zahle jetzt erst recht etwas." Ich nahm von dem wenigen Geld vom Postscheckkonto und überwies es an eine Judenmission. Dies war ein Gehorsamsschritt.

Wenige Tage danach erreichte mich ein Brief ohne Absender. Darin stand: „Heute nacht hat uns der Herr geweckt. Er gab uns den Auftrag, Ihnen diesen beigelegten Betrag zuzusenden. Wir wissen nicht warum, aber wir wollen gehorsam sein." Es war genau derselbe Betrag, den ich einbezahlt hatte. Kurze Zeit danach erhielt ich eine Nachzahlung der Kriegsbeschädigtenrente. Dies alles waren für mich keine Zufälle, sondern Antworten Gottes auf mein Handeln. Wir kamen gut durch den Monat.

Als ich dann wieder zu Hause war, kam ein Bekannter und brachte mir 50,– DM. Ich fragte ihn: „Von wem ist dieses Geld?" „Das soll ich Ihnen geben im Auftrag einer Schwester, deren Namen ich nicht nennen soll." Wir rätselten nicht weiter. Doch eines Tages fiel meiner Frau ein, daß sie an dem Tag, an dem sie die Rente geholt hatte, von einer Frau besucht worden war. Weiter erinnerte sie sich, daß sie damals ihren Geldbeutel auf den Tisch gelegt hatte. Jene Frau hatte das Geld gestohlen, vielleicht weil sie in Not war, obwohl sie ein Gotteskind war! – Nun kam einige Monate lang jeweils der Betrag von 50,– DM sozusagen als Rückzahlung. Wir haben diese Frau nie deswegen

angesprochen und haben ihr von Herzen vergeben. Dem Herrn sei Dank, der uns dadurch an den
Segen des „Zehnten" erinnerte und uns wunderbar versorgte.

Tod meiner Mutter

Von zu Hause bekam ich Nachricht, daß es
meiner Mutter nicht gut gehe. Jeden Morgen stand
ich nun um 5 Uhr auf und betete eine Stunde für
sie und auch für andere Menschen in Not. Wie
dankbar war ich um das Einzelzimmer.

Zwischen Träumen und Wachen begegnete mir
eines Nachts meine Mutter, als wollte sie sich von
mir verabschieden. Am nächsten Morgen erhielt
ich ein Telegramm: „Mutter im Sterben. Bitte
komm sofort nach Hause." Ich wurde beurlaubt.
Als ich zu Hause ankam, lag meine Mutter bewußtlos in der Agonie; als sie aber meine Stimme
hörte, kam sie noch einmal zu sich. Sie konnte
nicht viel sprechen und kaum die Hand heben. Mit
der Hand auf der Decke hob sie immer wieder
einen Finger und deutete in eine bestimmte Richtung. Ich fragte: „Mutter, was ist?" „Ich sehe
etwas." „Was siehst du?" „Ein Stückchen Herrlichkeit." Sie bat mich, ich möchte doch in die
Stadt gehen und für jeden meiner Geschwister ein
Kruzifix besorgen. „Warum", so fragte ich,
„willst du gerade ein Kreuz mit einem Korpus?"
„Damit alle sehen, daß das Kreuz kein Symbol ist,
sondern daß Jesus daran wirklich gestorben ist.
Gott hat sein Liebstes dahingegeben, damit wir
ewiges Leben haben sollen. Das verkündige allen

Menschen." Erschöpft hielt sie inne. Ich kniete vor ihrem Bett nieder und sagte: „Mutter, segne mich noch." Sie sprach etwa folgende Worte: „Der Herr Jesus Christus segne dich zur Verkündigung. Er mache dich zum Werkzeug Seiner Gerechtigkeit, daß du IHM dienst mit allen deinen Gaben und Kräften." Es war ein unvergeßliches Erlebnis für mich.

Nach zwei weiteren Tagen, während wir um ihr Bett versammelt waren, richtete sie sich plötzlich auf, streckte ihre Arme aus und rief mit leuchtendem Gesicht: „Nehmt mich mit, nehmt mich mit!" Daraufhin verlangte sie Wasser.

In dem Augenblick, als vor dem Haus der Fronleichnamszug vorüberging und das Lied gesungen wurde: „Großer Gott, wir loben Dich", ging sie aus der Zeit in die Ewigkeit. Meine Mutter hat viele Traurige getröstet, viele Notleidende betreut. Für jeden hatte sie ein gutes Wort. An ihr habe ich gesehen und gelernt, wie ein Gotteskind leben soll.

Ein schwerkrankes Kind wird gesund

Die Kur war zu Ende, und neue Aufgaben kamen auf mich zu. Ich wurde wiederholt ins Elsaß eingeladen. Bei einem Bauern im Liebfrauental hielt ich Versammlungen. Es gab viel Seelsorge. Unter anderem kam auch ein jungverheiratetes Ehepaar auf mich zu. Sie berichteten mir von ihrem neugeborenen Kind, das Milchschorf und eine Furunkulose am ganzen Leib hätte. „Kommen Sie doch bitte in unser Haus und beten Sie mit unserem Kind!" baten sie mich. „Menschlich gesehen gibt es keine Chance, daß unser Kind überlebt." Bauer George Jund begleitete mich dorthin.

Als ich das Geschöpflein sah, in Watte eingepackt und elend aussehend, verließ mich der Mut. Das Kind konnte nur noch wimmern. Trotzdem sagte ich im Glauben: „Kommt, wir wollen einander unsere Sünden bekennen, damit Gott uns hören kann." Danach legten wir dem Kind die Hände auf, indem wir es mit Öl berührten und beteten: „Herr Jesus, wir übergeben dir dieses Kind, daß du es anrührst und gesund machst. In deinem Wort hast du uns durch Jakobus wissen lassen: ,Auf die Kranken werden sie die Hände legen, und es wird besser mit ihnen werden.' Wir nehmen dich bei deinem Wort." Dann gingen wir wieder. Bevor wir zu beten begannen, hatte der Bauer große Bedenken, ob er auch seine Hand auflegen dürfe, da er doch früher ein so großer Sünder gewesen sei. Doch ich entgegnete: „Wir alle sind nur begnadete Sünder." Auch der Vater wollte zunächst nicht. Er meinte: „Ich bin noch ganz jung im Glauben." Ihm antwortete ich: „Wer den Herrn Jesus angenommen hat, der darf alles von ihm erwarten." Ich bin froh, daß diese Handauflegung durch uns drei geschah. So kann keiner sagen, daß sein Gebet allein erhört worden wäre.

Inzwischen hatte ich verschiedene andere Dienste im Elsaß getan und war nach drei Wochen wieder bei dem Bauern eingekehrt. Da trat der Vater des Kindes ein und sagte jubelnd: „Bruder Katzenmaier, du mußt zu uns kommen und sehen, was der Herr getan hat." Ich fragte: „Lebt dein Kind?" „Ja, und mehr noch, es ist gesund geworden." Das Kind hatte ursprünglich neben vielen kleineren Geschwüren am Körper auf dem Kopf eine große, eitrige, walnußgroße Blase. Aus einem Geschwür neben dem Auge lief ständig der Eiter. Jetzt aber sah die Haut des Kindes aus wie die eines Pfirsiches. Wo die Eiterbeule am Kopf gewesen war, sah man nur eine kleine vertrocknete Kruste, als letzten Rest der Abheilung. Ja, groß ist der HERR!

Später wurde ich noch einmal an diesen Ort gerufen, weil ein anderes Kind ebenfalls an Milchschorf litt. Wir beteten auch über diesem Kind, und nach wenigen Tagen war der Junge ganz heil.

Bruder Jund, der Bauer, der mit mir einige dieser Dienste getan hatte, ging mit mir eines Tages von seiner Mühle aus zum Bach, setzte sich mit mir unter eine Weide und zeigte mir seinen großen Nabelbruch, der ihn sehr an der Arbeit hinderte. Er erzählte mir, daß er operiert werden sollte. Aber in Erinnerung an all die wunderbaren Dinge, die er miterlebt hatte, war sein Glaube so gestärkt, daß er sagte: „Sollte der HERR nicht auch mir helfen?" Er bat mich, mit ihm zu beten. Und Gott griff ein. Ohne irgendwelche ärztliche Hilfe fügte der HERR den Nabelbruch zusammen und schenkte dem Mann vollkommene Heilung.

Ein weiterer Mann erfuhr, wie sein Kropf auf Gebet hin verschwand. Ich staunte über die Größe Gottes, der mich befähigte, Menschen zu helfen in ihrer körperlichen Not. Doch ich vergaß nicht darüber, daß es zuallererst um die Heilung der Seele ging. Bevor ich mit den Menschen betete, sprachen wir von der Liebe Gottes und der völligen Vergebung unserer Sünden, die nur durch das Erlösungswerk Jesu möglich ist.

Madame Bender – und: Gott legt mein Konzept zur Seite

Bald darauf wurde ich wieder ins Elsaß gerufen, um in Wörth zur Sauer eine Evangelisation zu halten. Diese fand in einem Gasthaus statt, das sich Restaurant-Sans-Alcool nennt. Die Besitzerin, Madame Bender, ist eine gläubige Frau. Gott führte sie dahin, daß in ihrem Haus kein Alkohol mehr ausgeschenkt wird. Ihre wunderbare Lebensgeschichte erschien beim Blau-Kreuz-Verlag unter dem Titel „Ein seltsames Gasthaus". Meine Tochter hat diese Lebensgeschichte niedergeschrieben. Damals war die Wirtschaft selbst der Versammlungsort, heute ist im oberen Stockwerk ein Saal, der dafür bestimmt ist.

Ich hatte meinen Vortrag für den Abend schon zurechtgelegt, als ich innerlich Gottes Stimme vernahm: „Lege dein Konzept auf die Seite! Heute rede ich." Ich war sehr erschrocken darüber, wußte aber, daß ich gehorchen mußte. Was ich dann redete, wußte ich hernach nicht – und weiß es bis heute nicht. Aber ein Bruder sagte nach meinem Vortrag: „Heute hast du so vollmächtig gesprochen wie nie zuvor." Ich war glücklich, daß Gott mich gebrauchte. Unter anderem besuchte ich auch einen Bauern, der seine Frau öfters mit der Axt bedrohte, wenn er betrunken war. Nun lag er krank im Bett. Es war kaum möglich, sich mit ihm zu unterhalten. Die Unterhaltung bestand darin, daß er mich fast zwei Stunden lang anbrüllte und sich dabei beklagte, wie schrecklich seine Frau sei. Dann hielt er erschöpft inne. Jetzt konnte ich reden. Nachdem ich eine Viertelstunde lang über das Heil seiner Seele gesprochen hatte, öffnete er sich für Gottes Wort. Ja, er nahm Jesus in sein Leben auf und wurde ein anderer Mensch. Später ist er in Frieden mit Gott und den Menschen gestorben. Ein Geheimnis der Seelsorge ist, daß man zuhören kann und wartet, bis Gott einem die Antwort gibt.

In einer weiteren Gemeinde im Elsaß führte ich eine Evangelisation durch. Am vierten Abend bekam ich von Gott erneut den Auftrag, mein Konzept auf die Seite zu legen. Nach der ersten Erfahrung hätte ich Mut haben sollen. Aber angesichts der vielen Menschen – u. a. war der Polizeipräsident des Ortes da – wagte ich es nicht. Doch der Herr blieb dabei und ließ mich unentwegt wissen: „Lege dein Konzept auf die Seite. Jetzt rede ich." Wiederum begann ich einen Vortrag, bei dem ich nicht wußte, wie er enden sollte. Satz um Satz kam aus meinem Munde heraus. – Ich war froh, als der Abend abgeschlossen werden konnte. Danach begab ich mich ins Vorderhaus, um in dem Seelsorgezimmer zu warten, ob Leute zur Aussprache kämen. Mehr als zwanzig Minuten vergingen. Mir schien es, als wäre es mehr als eine Stunde. Niemand kam. Ich dachte: „Das war eine Katastrophe heute abend. Nun bist du am Ende, kannst packen und nach Hause gehen." Da öffnete sich die Tür, und es strömten so viele Menschen in das Vorzimmer zur Aussprache, daß ich bis tief in die Nacht – es mag etwa drei Uhr gewesen sein – mit den Menschen sprach und mit ihnen betete.

Durch Bruder Weil, in dessen Haus ich wohnte, lernte ich auch liebe Geschwister aus Straßburg kennen.

Yvonne Grauer

Da es viel Unwissenheit auf dem Gebiet der Seelsorge gab und gibt, hielt ich auf dem Liebfrauenberg, einer christlichen Begegnungsstätte im Elsaß, eine Tagung für Seelsorgedienst. Dorthin kam auch eine Frau Grauer, die ich von einer davorliegenden Tagung kannte. Sie vollzog eine neue Lebensübergabe an Jesus Christus, und auch ihr Mann gab sein Leben ganz dem Herrn. Bei einer weiteren Tagung erlebte sie während einer Gebetsgemeinschaft eine weitere Erfüllung mit dem Heiligen Geist. Dieses Erlebnis ist gekennzeichnet durch eine sehr große Freude und Liebe zum Herrn Jesus und durch die Gewißheit, Sein Eigentum zu sein.

Zugleich schenkte ihr der Herr eine Gabe. Er zeigte ihr den Herzenszustand einzelner Menschen. In ihrer Begeisterung wollte sie nun kundtun, was sie vom Herrn über sie erfahren hatte. Das bedrückte mich sehr. So nahm ich sie auf die Seite und sagte: „Liebe Schwester, bitte machen Sie es nicht so." Und dann riet ich ihr: „Wenn Ihnen der Herr etwas gezeigt hat, dann fragen Sie ihn erst, ob es Ihr Auftrag ist, es weiterzugeben.

Diese Art, wie Sie es tun, hat den Anschein der Wahrsagerei. Sagen Sie zu dem betreffenden Menschen: ‚Könnte es sein, daß bei Ihnen noch eine unbereinigte Schuld vorliegt?' Lassen Sie es sich doch von Gott selbst zeigen. Gehen Sie in die Buße, und ER wird Sie dann um so mehr segnen."

Dankbar nahm sie diesen Rat an. Aus ihr wurde ein demütiges und begnadetes Werkzeug unseres Herrn, das vielen Menschen, auch besonders Pfarrern, durch ihren Wandel den Weg zum vollen Heil zeigen durfte.

Ja, auch Pfarrer brauchen Hilfe von Gott, und auch Pfarrer müssen Buße tun. Das ist für viele unfaßbar. Doch wir werden von Gott nicht errettet aufgrund eines Studiums; sondern aufgrund einer persönlichen Lebenshingabe an den Herrn Jesus Christus bekommen wir seinen Geist.

Durch Yvonne Grauers Anregung entstanden nun an vielen Orten Frauenbibelkreise, die z. T. selber von ihr geleitet wurden. Hausbibelkreise wurden von interessierten Männern begonnen. Die Zeit der ersten Liebe brach an.

Als sich nun diese Bewegung immer mehr ausbreitete, kam uns der Gedanke, eine Tagung für Seelsorgedienst durchzuführen. Zu diesem Zweck mieteten wir ein Haus. Etwa 10 Personen, Pfarrer und Leiter von Hausbibelkreisen, meldeten sich an. Als nun der erste Vortrag stattfinden sollte, kamen statt der 10 Personen unangemeldet ganze Omnibusse voll mit Menschen angefahren. Wir mußten uns völlig umstellen. Statt einer Schulung hielten wir evangelistische Vorträge. Das geschah vier Tage lang. Viele der Angereisten kamen zum lebendigen Glauben.

Yvonne, der der Herr das Herz, wie einst Lydia, der Purpurkrämerin aus Thyatira, aufgetan hatte, und viele andere, öffneten ihr Haus für die Nacharbeit.

Nach einer sehr ernsten abendlichen Frauenbibelstunde fragte Yvonne ihre Glaubensschwestern: „Seid ihr bereit, dem Herrn zu begegnen? Ich weiß nicht, wie es bei Euch innerlich aussieht. Eines jedoch weiß ich: Ich bin bereit. Ich lebe auf Abruf."

Am nächsten Morgen las sie mit ihrem Mann zusammen den für diesen Tag vorgesehenen Bibeltext aus Apostelgeschichte 20, 18–32. Das waren merkwürdige Worte, die mit dem, was sie am vorigen Abend gesagt hatte, im Zusammenhang zu stehen schienen.

Nachdem sie miteinander gebetet hatten, stieg sie ins Auto und fuhr Richtung Colmar, um einiges zu erledigen. In einer Kurve kam durch Glatteis der Wagen ins Rutschen und stieß mit einem entgegenkommenden Langholzfahrzeug zusammen. Fast gleichzeitig fuhr ein weiterer Wagen mit großer Geschwindigkeit auf. Sowohl Yvonne Grauer als auch der andere Fahrer waren auf der Stelle tot.

Gott ruft Seine Kinder oft auf seltsame Weise ins Vaterhaus. Dennoch bleibt der Tod seiner Heiligen (Psalm 116,15) wertgeachtet vor IHM.

Die Nachricht von ihrem Tod traf ihren Mann so furchtbar, daß er auf die Knie sank und rief: „Herr Jesus, hilf mir!"

Es geht nicht um Menschenverherrlichung, wenn ich schreibe: „Sie war eine treue Lebensgefährtin, ein gastfreier Mensch, eine Person von außerordentlichem Glauben und himmlischer Liebe zu all denen, die den Herrn Jesus Christus liebhaben." Welch ein Verlust war das für uns alle!

Es folgte die Trauerfeier in der Kirche zu Ostheim. Ein solch überfülltes Gotteshaus habe ich nur selten gesehen. Der plötzliche Tod veranlaßte viele, ihr Leben dem Herrn Jesus zu übergeben.

Bei ihr erfüllte sich somit auch das Wort aus Offenbarung 14,13: „Selig sind die Toten, die in dem Herrn sterben ... Ja, der Geist spricht, daß sie ruhen von ihrer Arbeit; denn ihre Werke folgen ihnen nach."

Als später unsere Tochter Evelyn, deren Seelsorgerin Yvonne Grauer gewesen war, ein Töchterchen bekam, nannte sie es in Erinnerung an sie „Yvonne". Möge derselbe Geist von Yvonne Grauer, der durch Jesus Christus in ihr war, in der kleinen Yvonne die gleiche Liebe zu unserem Heiland wirken!

Der Feind will verhindern, aber Gott segnet

Immer wieder aber wurde ich zu einem Dienst ins Elsaß gerufen. Bruder Kurz hatte mich gebeten, in Weißenburg eine Bibelwoche zu übernehmen. Ich hatte soweit alles für die Reise vorbereitet, als meine Frau mich bat, für das Mittagessen Kartoffeln aus dem Keller zu holen. Sie befanden sich in einer Horde, die wir mit Nägeln zusammengezimmert hatten. Dabei vergaßen wir, die Nägel an der Oberkante von innen umzuklopfen. Diese standen nun etwa ein bis zwei Zentimeter heraus. Da nur noch wenige Kartoffeln in der

Horde waren, mußte ich mich weit hineinbücken. Beim schnellen Herauskommen bohrte sich dann ein Nagelende in meine Schädeldecke so tief hinein, daß ich den Kopf regelrecht herausziehen mußte. Mit starken Schmerzen begab ich mich in eine Apotheke, um mir Desinfektionsmittel zu besorgen. Dort sagte man mir aber, ich müsse unverzüglich einen Arzt aufsuchen, was ich dann auch tat. Die Stelle am Kopf wurde rasiert, mit Medikamenten betupft und der ganze Kopf verbunden. Außerdem gab man mir ein Rezept mit und den dringenden Rat, mich in Frankreich unbedingt weiterbehandeln zu lassen. Als ich mich zu Hause im Spiegel sah, sagte ich: „Nein, so kann ich nicht reisen." Ich nahm den ganzen Verband herunter, klebte mir ein Pflaster auf die betroffene Stelle und begab mich auf schnellstem Wege zum Zug.

Ich war einen Tag früher angereist, um mich dort noch für den Dienst gründlich vorbereiten zu können. Gegen Abend bekam ich Schmerzen. Ich suchte jedoch keinen Arzt auf. Eine schwere Nacht folgte. In meinem ganzen Kopf klopfte und pochte es. Am Morgen war meine Zunge geschwollen, und ich konnte kaum reden. Man kochte mir Kamillentee, um meinen Mund zu spülen. „Sicher hat Gott einen großen Segen bereit, sonst wären solche Hindernisse nicht eingetreten", ging mir durch den Sinn. Vertrauend auf den Herrn ging ich am Abend auf die Kanzel. Es war mir schleierhaft, wie ich überhaupt reden sollte. Als ich aber anfing, den Mund aufzutun, war aller Schmerz vorbei. Nach dem Vortrag waren alle Beschwerden verschwunden. Der Herr hatte meinen Glauben gesegnet und mich angerührt.

An diesem Abend war ein junger Mann zum Vortrag gekommen. Er kam in die Aussprache, beichtete einige okkulte Sünden und ging befreit nach Hause. Schon seit zwei bis drei Jahren gehörte er zu einem Bibelkreis. Mir schien, daß er lediglich eine Reinigung nachvollzogen hatte. Am nächsten Tag aber kam er mit großer Angst zu mir und sagte: „Ich habe schwere Sünden, die ich beichten muß." Mit großer Erleichterung ging er nach dem Lossagegebet heim. Aber am Tag darauf, wieder nach dem Vortrag, war seine Angst noch größer. Es kamen solch schreckliche Sünden heraus, wie ich sie zuvor kaum gehört hatte. Wieder beteten wir. Daraufhin kam der Mann in eine lange und schwere Buße hinein mit viel Traurigkeit. Gott mußte so an ihm handeln, um ihn als Werkzeug zuzubereiten. Monate später kam die Freude im Herrn und der ganze Durchbruch seiner Gnade. Der junge Mann entschied sich, in den Dienst für Jesus zu gehen und besuchte eine Bibelschule. Heute ist er Prediger in einer Gemeinde.

Scheinbar harmlos waren die okkulten Sünden, doch mir wurde klar, daß kleinste okkulte Sünden blind machen. Erst, wenn sie bekannt sind, sind gewissermaßen die Türen geöffnet, um weitere Schuld zu erkennen. Wie oft werden okkulte Sünden verharmlost! Satan benutzt sie, um Menschen blind zu machen. Die Kettenreaktionen der Sünden sind furchtbar; aber die Kettenreaktionen der Gnade Gottes sind noch größer.

Endende Gemeinde

Ich war wieder daheim in der Gartenstadtkirche. Dort hatte ich seit Jahren das Amt eines Presbyters. Es war eine Zeit mit allerlei Unruhe. In unserem Presbyterium waren Leute, die damit unzufrieden waren, daß unser Pfarrer soviel unterwegs war. Sie meinten: „Wir brauchen einen Pfarrer, der dauernd da ist." Pfarrer Kreiselmeier hatte jedoch immer als Vertreter Menschen gewählt, die klar das Evangelium verkündigten. Mitten hinein in diese Situation kam die Trauung von Walter und Ingrid Trobisch, die später eine bedeutende Arbeit sowohl in Afrika als auch in anderen Ländern durchführten.

Nach der Trauung hielten Walter und Ingrid eine Ansprache unter dem Thema: „Sendende oder endende Gemeinde." Es war ein Wort prophetischer Art, denn aus der sendenden Gemeinde, die sie ursprünglich war, wurde eine endende Gemeinde. Ein neuer Pfarrer kam. Pfarrer Kreiselmeier mußte gehen. Nun wurden die dreifachen Gottesdienste, die wir Sonntagvormittags hatten, abgeschafft. Die Jugendarbeit wurde vernachlässigt. Die Gebetsversammlungen im Pfarrhaus hörten auf. Der neue Pfarrer sagte: „Das ist ja ein ungeheurer Betrieb. Den kann ja kein Mensch verkraften." Die Männerarbeit aber wollte er ab jetzt übernehmen. Ich widerstand ihm mit dem Argument: „Herr Pfarrer, Sie haben die Arbeit nicht gegründet, Sie können sie mir auch nicht ohne weiteres abnehmen." Darüber war er sehr verärgert. Es ging Stück für Stück weiter abwärts. Die Feindschaft gegen mich steigerte sich. Da der

Vikar der Nachbargemeinde auf der Seite des scheidenden Pfarrers Kreiselmeier stand, wurde ihm gedroht, ihm das Haus anzuzünden, wenn er etwas gegen den neuen Pfarrer unternehmen würde. Es ging so weit, daß Menschen auf der Straße, wenn sie mich sahen, wegschauten oder sogar vor mir ausspuckten. Ich war ein verachteter Mensch, obwohl ich nicht gegen den Pfarrer hetzte, sondern nur traurig schwieg. Der Dekan bekam Informationen von der ganzen Geschichte, und so kam es zu einer Versetzung des Pfarrers.

Doch diese Geschichte hatte noch ein Nachspiel. Über aller erlittenen Ungerechtigkeit saß ein verborgener Groll gegen diesen Pfarrer in meinem Herzen. Wenn ich es auch nicht wahrhaben wollte, so erinnerte mich Gott immer wieder an das Wort unseres Herrn Jesus (Markus 11,25): „Wenn ihr stehet und betet, so vergebet, wo ihr etwas wider jemand habt, auf daß auch euer Vater im Himmel euch vergebe eure Fehler."

Auf der Fahrt zu einem evangelistischen Einsatz, für welchen ich viel gebetet hatte, kam ich durch den Ort, wo jener Pfarrer seine neue Pfarrstelle hatte. Kurz entschlossen hielt ich mit meinem Wagen an, betete um das rechte Wort, stieg aus und begab mich ins Pfarrhaus. Ich läutete, und gleich darauf standen wir einander gegenüber. Großes Erstaunen. „Herr Pfarrer, wo ich Ihnen Unrecht getan habe, bitte ich um Verzeihung!" Ein Händedruck zwischen Tür und Angel, und schon saß ich wieder in meinem Wagen. Was habe ich denn gesagt? Nun wird er denken, daß ich tatsächlich gegen ihn gearbeitet hätte! Doch hatte ich nicht zuvor den Herrn Jesus um das rechte

Wort gebeten? Da kam Freude in mein Herz, Jubel auf die Lippen und Vollmacht für meinen neuen Dienst.

Hauskreise entstehen, und Menschen werden frei

Die Hausbibelkreise in der Gartenstadt lösten sich auf, bis auf zwei, die ich selber leitete. Durch Dienste von Ilse Braun, einer Gemeindehelferin, und durch eine Evangelisation von Pfarrer Hans Bruns entstanden jedoch die ersten im Stadtgebiet von Ludwigshafen. Im Kreis von Karl durfte ich erfahren, daß viel neues Leben entstand. Karl hatte ursprünglich ein Haus bauen wollen. Doch es wurde ihm klar, daß auf diesem Haus kein Segen sein könne. Er hatte nämlich mit astrologischer Hilfe Zeitpunkte bestimmen lassen, die für den Bau des Hauses dienlich sein sollten. – Da er solche Praktiken inzwischen ablehnte, verkaufte er das Haus, bevor es fertig geworden war.

Zu jener Zeit starb seine Mutter. Doch davor hatte sie noch ihre Sünden bekannt und ihr Leben Jesus Christus übergeben. Nach ihrem Tod jedoch schien die ehemalige Schwermut auf den Sohn überzugehen. Karl bekam Schwermutsanfälle, mußte in verschiedene Kliniken gebracht werden und wurde schließlich mit der Diagnose eines unheilbaren Zustandes, nämlich einer endogenen Depression, als hoffnungsloser Fall entlassen. Ich betete täglich mit ihm unter Handauflegung und gebot den Finsternismächten. Mir war klargeworden, daß durch tägliches Gebet, am

99

Quellgrund der Gedanken ein neuer Glaube entstehen müsse. Durch die Gebetsmauer wurde der Gedankenfluß in eine andere Richtung gebracht. Auch anderen Menschen wurde die Last von Karls Krankheit aufs Herz gelegt. So beschloß ein Bruder im Glauben, eine ganze Nacht für Karl zu beten. Karl wurde frei. Später kamen noch Anfechtungen, doch er wurde dieses Übel ganz los.

In jenen Tagen sprach mich ein Mann an und bat mich um einen Spaziergang. Wir gingen weit hinaus in den Wald. Ich erzählte ihm einiges, und es war mir selbst sehr seltsam zumute dabei, denn es waren Dinge, die ich nicht persönlich erlebt hatte. Plötzlich blieb der Mann stehen und sagte: „Mann, Sie erzählen ja meine ganze Lebensgeschichte!" Er zitterte dabei am ganzen Leib. Gott hatte mir eine Weissagung gegeben. – Nun hatte der Mann Vertrauen zu mir und berichtete, daß seine Frau schon mehrere Male versucht hätte, sich das Leben zu nehmen. Sie wären zusammen schon bei vielen Gottesmännern gewesen, doch niemand hatte ihr helfen können. Einmal hätte sich seine Frau die Pulsadern durchgeschnitten, ein anderes Mal Tabletten geschluckt, wieder ein anderes Mal hätte sie versucht, sich aufzuhängen, ein anderes Mal wieder wäre sie ins Wasser gesprungen. Er selbst war dauernd in Angst um das Leben seiner Frau. Dabei wurde er selbst schließlich von Finsternismächten angegriffen, so daß er nicht mehr ein noch aus wußte. Ich betete ein Lossagegebet mit ihm, und er wurde frei. Eine große Freude zog in sein Herz ein. Danach kam seine Frau auf mich zu und sagte: „Bitte, beten Sie auch mit mir." Einige Tage später ergab sich die

Gelegenheit dazu. Die Frau erzählte mir aus ihrem Leben. Dabei hörte ich, daß ihr in jungen Jahren von einer Diakonisse, die eine Jugendarbeit betrieben hatte, die Karten gelegt und die Handlinien gedeutet wurden. Ich merkte sofort: Da kommt das Ganze her.

„Sie sind okkult belastet", sagte ich zu ihr, „wir müssen um Befreiung beten." Ich ließ sie ein Lossagegebet sprechen. Als ich im Namen Jesu und der Kraft des heiligen Blutes Jesu den Finsternismächten gebot, schrie sie furchtbar auf. Ich fragte: „Was ist los?" Sie stöhnte: „Wie ein Messer ist es in mein Herz gefahren." „Sie sind frei, liebe Schwester", sprach ich zu ihr. „Und wenn die Dinge und die Traurigkeiten wiederkommen?" fragte sie ängstlich. Ich setzte entgegen: „Wir beten darum, daß Gott eine feurige Mauer um Sie herum aufrichtet, daß Satan Sie nicht wieder anfechten darf." „Und wenn dann doch etwas hereinkommt?" fragte sie wieder. „Dann ist es wie ein Stein, der über die Mauer geworfen wurde", erklärte ich ihr, „nehmen Sie ihn und werfen Sie ihn wieder hinaus." Das begriff sie. Nach der Segnung war sie frei und durfte fröhlich ihren Weg weitergehen. Preis sei unserem HERRN JESUS!

Gott segnet mich mit Brüdern und unsere Familie mit einem neuen Kind

Eine Tagung der Pfarrergebetsbruderschaft fand statt. Bei dieser hatte ich wie üblich die Aufgabe, Geld zu kassieren und das Organisatorische zu besorgen. An einem der Tage wurde ich gebeten, hinauszugehen und die Brüder alleine zu lassen. Als ich wieder hereingerufen wurde, hieß es: „Lieber Bruder Katzenmaier! Wir haben einstimmig beschlossen, dich in unsere Gemeinschaft aufzunehmen. Sei auch du ein Glied unserer Pfarrergebetsbruderschaft." Wie bewegte mich die Liebe der Geschwister! Hatte ich doch kein Theologiestudium, keine Bibelschule, und nicht einmal einen einzigen Kurs besucht. Als ich sagte: „Ich bin doch kein Theologe", antworteten sie: „Du bist ein Theologe. Du hast Jesus lieb und kennst die Bibel. Wir freuen uns, daß du zu uns gehörst."

Im Jahre 1955 segnete Gott meine liebe Friedel durch eine neue Mutterschaft. Doch sie hatte große Angst vor den vielen Aufgaben, die sie mit einem dritten Kind auf sich zukommen sah. Deshalb war sie verzweifelt. Da besuchte uns Fritz Risch und sagte die einfachen Worte: „Schenkt dir Gott ein Häsle, dann gibt er auch das Gräsle." Die Worte dieses Mannes haben meine Friedel sehr getröstet. Auch mein Freund Eugen Vinnai hat meiner Frau mit wunderbaren Worten Trost zugesprochen. Wir erwarteten dann dieses Kind unter besonderen Segnungen. Sehr oft legte ich meine Hand auf meine Frau und segnete sie und das Ungeborene. Wir entschlossen uns für den Namen Evelyn. Ausgerechnet dieses Kind wurde dann später mit einem Amerikaner bekannt, der ein liebes Gotteskind ist. Heute lebt sie in USA. Evelyn war in ihrer Jugend ein Kind mit einem starken Willen und nicht immer leicht zu lenken. Aber gerade solche Menschen haben große Fähigkeiten, wenn sie unter Gottes Einfluß kommen. Ihr starker Wille hat ihr sehr geholfen, später große Schwierigkeiten zu überwinden.

Jesus heilt – Gott öffnet innere Augen

Nach wie vor ging ich gelegentlich zur evangelischen Gemeinschaft. Der damalige Prediger war krank geworden. Er hatte eine Thrombose im Bein und in der Lunge eine Embolie. Schwerkrank lag er nieder. Wir boten ihm an, den Dienst der Handauflegung nach Jakobus 5 zu tun. Zu viert besuchten wir ihn, und er sprach ein Lossagegebet. Danach salbten wir ihn mit Öl im Namen des Herrn und fragten ihn, ob er sein Leben aufs neue Jesus weihen wolle, was er mit Ja beantwortete. Als wir ihm die Hände auflegten, rührte Gott ihn an und machte ihn ganz gesund. Wie staunten wir neu über Gottes Größe!

Ein anderes Mal sollte ich in dieser Gemeinde den Pfingstgottesdienst halten. Ich übernahm das gerne, doch stellte sich mir die bange Frage: Wie kann ich über Pfingsten sprechen, über den Heiligen Geist, über das Feuer der Liebe, wenn ich es selbst nicht ganz erlebt habe?

Ich ging ins Gebet, doch meine aufgesetzte Predigt schien mir saft- und kraftlos. Mit Zagen stieg ich am Sonntag auf die Kanzel. Plötzlich aber wurde ich mit einem Feuer der Freude erfüllt. Ich spürte die Gegenwart Gottes, während ich redete. Nach dem Gottesdienst schüttelten mir Leute bewegt die Hand. Mich hat jenes Erlebnis sehr im Glauben gestärkt.

Ein Zahnarztbesuch

Ingrid stammte aus einer atheistischen Familie. Auf einer Konfirmandenfreizeit, die ich in Gimmeldingen leitete, fand sie zum lebendigen Glauben an Jesus. Dies war der Anfang einer Erweckkung, bei der etwa 40 junge Menschen Jesus ihr Leben übergaben.

Während ihres Aufenthaltes bei Verwandten bekam Ingrid furchtbare Zahnschmerzen. Es war schon Abend. Ihre Angehörigen sagten: „Gleich um die Ecke wohnt ein Zahnarzt. Er ist zwar krank; vielleicht kann er dir trotzdem helfen." Sie ging hin und läutete. Der Arzt sagte ihr beim Öffnen gleich, daß er sehr krank sei. Und so sah er auch aus. Nachdem er ihr einige Erleichterung verschafft hatte, fragte sie ihn: „Herr Doktor, was fehlt Ihnen eigentlich?" Er antwortete: „In wenigen Tagen soll ich auf den Operationstisch, um eine Magenresektion an mir vornehmen zu lassen, denn ich habe einen Tumor. Außerdem hat mich meine Frau mit den vier Kindern verlassen." Ingrid erinnerte sich an mich. Am nächsten Tag rief sie mich an und sagte mir, daß dieser Mann dringend Hilfe brauche. So machte ich mich auf den Weg. Als er mir die Tür öffnete, sah ich eine erbärmliche, kranke Gestalt. Nur noch 80 Pfund wog der Mann. Nachdem wir eine Aussprache miteinander hatten, die sich bis gegen Mitternacht hinzog, betete ich über ihm. Als auch ein Lossagegebet gesprochen war, legte ich ihm, erfüllt von der Liebe Jesu und herzlichem Erbarmen, meine Hand auf zum Segnen. Da fing er an zu seufzen und zu stöhnen. Ich hielt inne und fragte: „Haben

Sie große Schmerzen?" „Nein", sagte er, „aber von Ihnen geht eine große Kraft aus", und meinte, es käme von meinen Händen. Ich sagte: „Das ist doch nicht möglich", und gab ihm meine Hand zu fühlen. Er wunderte sich nun selbst darüber, daß meine Hände kühl waren.

Mir aber kam plötzlich der Gedanke: Hier ist Gott am Werk. So legte ich meine Hände auf seine kranken Stellen und betete über ihm im Namen des Herrn Jesu. Abermals durchflutete göttliche Kraft seinen kranken Leib. Wie wahr ist es doch, was unser Herr Jesus auf dem Laubhüttenfest zu Jerusalem sagte (Joh. 7,38): „Wer an mich glaubt, wie die Schrift sagt, von dessen Leibe werden Ströme lebendigen Wassers fließen."

Nachdem ich so etwa 10 Minuten lang den Herrn gepriesen, gelobt und IHM gedankt hatte in tiefer Freude über seine Gegenwart, fragte ich mein Gegenüber, wie es ihm gehe. Er sagte: „Ich bin gesund." Ich konnte das nicht fassen. Eine Nachbarin, die ihm etwas Gutes tun wollte, hatte ihm ein Stück Schwarzwälder Kirschtorte gebracht. Dieses stellte er nun vor sich hin. Ich sagte: „Mann, lassen Sie das. Das kann Ihr Tod sein. Wir wissen nicht, ob Sie gesund sind. Das muß erst durch einen Arzt festgestellt werden." Er jedoch ließ sich nicht beirren und aß den Kuchen auf. Mir war bange, aber er war geheilt und bedurfte keiner Operation. Von Tag zu Tag wurde er gesünder und konnte seine Arbeit wieder aufnehmen. Ich führte ihn dem Hausbibelkreis Karl Ackers zu, wo er im Glauben weiterkam.

Leider konnte er seine Familie nicht zurückgewinnen. Da fing er an Gott zu zweifeln an. Er wurde wieder krank. Diesmal war die Gefahr eines Darmverschlusses. Der Arzt riet zu einer Operation. Nun war er wiederum verzagt, daß er als Zahnarzt in Zukunft seinen Beruf nicht mehr ausüben könne, wenn er einen künstlichen Ausgang hätte. Der künstliche Ausgang wurde auch gelegt. Doch Gott schenkte es, daß der Darm später wieder zurückverlegt wurde. Bevor der Professor ihn zur Darmoperation untersucht hatte, holte er frühere Aufnahmen von ihm hervor.

„Mann", sagte er, „haben Sie ein Magengeschwür! Das kriegen Sie mit allen Plomben der Welt nicht zu." Er aber sagte: „Ich bin gesund." Eine weitere Röntgenuntersuchung bestätigte, daß er tatsächlich nichts mehr am Magen hatte.

Die Durchflutung seines Leibes, wie der Mann sie nannte, war eine Auswirkung von Gottes Kraft, wodurch er diese wunderbare Heilung erfuhr. Sie fand statt, indem wir den Namen Jesu rühmten und Gottes Werk. Wir finden ähnliche Phänomene auch auf der Gegenseite, nämlich auf der Seite Satans.

Solche Heilungen können sogar unter Anrufung des Namens Jesu geschehen und sind doch von unten. In diese Linie gehören die Heilungen durch sogenannte Geistheiler oder Gesundbeter. Welches ist nun der Unterschied zwischen ihren Praktiken und unserem Erlebnis? In Psalm 103,3 heißt es: „Der dir alle deine Sünden vergibt und heilet alle deine Gebrechen..." Unser Herr Jesus spricht zu dem Gichtbrüchigen zuerst (Matth. 9,2): „Sei getrost, mein Sohn; deine Sünden sind dir vergeben" und hernach (Vers 6): „Stehe auf, hebe dein Bett auf und gehe heim!" Sündenbekenntnis und Heilung stehen im Zusammenhang (Jakobus 5, 15+16). Äußere Heilung allein nützt nichts, sondern verlagert oft die Krankheit nach innen. Darum sagt unser Herr Jesus (Matthäus 16,26): „Was hülfe es dem Menschen, so er die ganze Welt gewönne und nähme doch Schaden an seiner Seele?"

Unterwegs mit dem Motorrad – Ein Kind betet

Evangelisationen und Bibelwochen folgten. Viele Menschen kamen zum Glauben an Jesus Christus. Immer wieder hielt ich Waldgottesdienste an beliebten Ausflugsorten der Pfalz. Damals hatte ich noch kein Auto und fuhr mit dem Motorrad. Bei einer solchen Fahrt rutschte ich in einem Dorf auf der regennassen, steilen Straße aus. Dabei rief ich laut: „Herr Jesus, bewahre mich!" Ich überschlug mich mit dem Motorrad und blieb unter diesem liegen. Meine Wade lag nahe dem heißen Zylinder. Ich konnte nicht mehr darunter hervor. Es war noch früh am Morgen, doch schickte Gott mir Hilfe. Aus dem nahestehenden Haus kam jemand und half mir. Das Motorrad war noch fahrtüchtig, nur die Scheibe der Lampe war zerbrochen. So fuhr ich weiter, um dann den Gottesdienst zu halten. Wie dankte ich dem Herrn, daß er meinen Schrei gehört hatte.

Gelegentlich hatte ich auf diesen Fahrten meine Tochter Ruth dabei. Freudig begleitete sie mich. Als wir eines Tages von einem solchen Dienst zurückfuhren, blieb das Motorrad mitten in einer

Stadt stehen. Es wollte einfach nicht mehr starten. Dazu war es schon spät am Abend, und wir wollten nach Hause kommen. Da kniete meine kleine Tochter auf dem Bürgersteig nieder, und unbekümmert um die Menschen, die vorbeigingen, betete das Kind laut: „Herr Jesus! Papas Motorrad geht nicht. Bitte, laß es wieder gehen." Nun sagte sie: „Vater, probiere es noch einmal." Und siehe da: das Motorrad lief einwandfrei. Wir kamen zu Hause an. Als wir dann in die Garage hineinfuhren, sagte unsere Ruth: „Papa, jetzt müssen wir auch danken!"

Bei einer anderen segensreichen Fahrt im vollbesetzten Auto setzte die Lichtmaschine aus. Wir waren im Dunkeln und im Regen. Wieder sagte Ruth: „Vater, beten, beten." Ich dachte: das hat jetzt auch keinen Wert mehr. Doch Ruth blieb dabei. Sie betete, auch ich betete, und das Licht ging wieder an. Wir kamen an unserem Bestimmungsort an. Wieder hatte der Herr geholfen.

In Steinen lernte ich Pfarrer Eichin kennen. Gott zeigte uns große Dinge. Unter anderem erlebten wir dort die Heilung einer Frau, die an Brustkrebs, Blutkrebs und Unterleibskrebs litt. Sie kam zur Aussprache. Danach beteten wir mit ihr, und der Herr rührte sie an.

Später erkrankte sie noch einmal an einer anderen Sache. Sie flehte zum Herrn, daß er sie auch diesmal heilen möchte. Doch nicht alle Übel, die unseren Leib befallen, nimmt der Herr seinen Kindern weg. Er läßt sie ihnen manchmal als Schule der Geduld. Geduld aber und Glaube sind die Kennzeichen der Heiligen.

Das Forsthaus

Die Aufgaben im Volksmissionarischen Amt wurden größer. Wir brauchten einen weiteren Volksmissionar. Deshalb kamen wir im Freundeskreis zusammen, um zu überlegen, wer dafür geeignet sei. Zu diesem Treffen wählten wir ein Forsthaus, das im Wald stand und zugleich Gasthaus war. Dort wollten wir uns unter Gebet den nächsten Schritt zeigen lassen. Als ich mittags am Schanktisch stand, um bei der Wirtin ein Getränk zu holen, schaute ich ihr in die Augen und sagte: „Sie haben aber traurige Augen." Erschrocken gab die Frau zur Antwort: „Sieht man das?" „Ja", sagte ich. Nachdem ich ihr einige Erfahrungen aus meinem Leben mit Jesus erzählt hatte, ermutigte ich sie: „Auch für Sie weiß Gott einen Weg." „Haben Sie heute nachmittag noch einmal die Gelegenheit hierherzukommen, wenn mein Mann da ist, um auch ihm das alles zu erzählen?" fragte sie hoffnungsvoll. „Ja, das will ich gerne für Sie tun", war meine Antwort. Am Nachmittag führte sie mich ins Forstzimmer, wo ich auch dem Mann meine wunderbaren Führungen mit Gott erzählte. Er griff in die Tasche und legte mit zitternden Händen eine Pistole vor mich auf den Tisch. Dabei sagte er: „Gott sei Dank, daß Sie gekommen sind, sonst wäre ein furchtbares Unglück passiert. Ich habe eine schwere Verleumdung angehängt bekommen und habe vorgehabt, mit dieser Waffe meinem Leben ein Ende zu setzen. Zuvor aber wollte ich den Verleumder über den Haufen schießen." Nun beugten sich Mann und Frau vor Gott. Sie knieten nieder und übergaben ihr Leben dem Herrn Jesus. Als Menschen, die die Gnade unseres himmlischen Vaters erfahren hatten, schlossen sie sich einem lebendigen Hauskreis an. Der Mann verkündigte später selbst das Wort Gottes und wurde ein froher Zeuge Jesu.

Wenn Gott Gaben nimmt, schenkt ER andere Gaben

Viele Heilungen hatte ich erlebt, wunderbare Dinge gesehen, die der Herr in seiner Gnade getan hat. Aber vielleicht achtete ich die Gabe höher als den Geber. Eines Tages kniete ich nieder und bat den Herrn Jesus, daß er die Gabe der Heilung vermehren möchte. Da bekam ich zu meinem Schrecken innerlich zu hören: „Nein, ich werde sie reduzieren." Ich fragte den Herrn: „Was wird dann werden?" Und ich bekam die Antwort: „Ich gebe dir die Gabe der Weissagung." Diese Antwort befriedigte mich nicht und führte mich in keine besondere Freude. Gott aber schickte mir Träume über zukünftige Dinge. Nach solchen Träumen sprach ich oft mit Gott: „O Herr, wird das alles kommen?" Und immer wieder erhielt ich die Antwort: „Ja, schaue in das prophetische Wort, so wirst du unterwiesen." Ich las die Bibel und erkannte immer mehr, daß Gott über unser Land schwerste Heimsuchungen kommen lassen wird. Damals war ich noch nicht weise genug zum Schweigen und erzählte dies alles meinen Freunden. Die aber wiesen mich zornig zurecht und riefen mir zu: „Sei still! Du bist ein falscher Prophet." Tief betroffen schwieg ich. Aber immer wieder kam das Drängen: „Du mußt reden, damit die Menschen wach werden. Es ist Mitternacht! Es kommen schwere Gerichte herauf, und viele Menschen gehen verloren." Doch immer, wenn ich zu reden anfing, wurde ich von meinen Freunden gestraft, still zu sein. Oft fühlte ich mich wie ein geschlagener Hund.

Jahre später, als ich die innere Reife hatte, und Gottes Stunde gekommen war, drängten mich andere Freunde, nicht nur Vorträge darüber zu halten, sondern auch alles schriftlich niederzulegen. So erschienen nacheinander die Schriften „Die Endzeit" und „Die Stunde der Finsternis".

Um das Jahr 1958 saß ich in meinem Büro an der Schreibmaschine. Es war Nachmittag. Plötzlich war es, als öffnete sich die Tür und jemand käme herein. Nachdem ich wie erstarrt sitzenblieb, hörte ich deutlich die Worte: „Du bleibst nicht in der Volksmission." Ich wußte sofort: Das ist eine Botschaft von oben. Und deshalb fragte ich zurück: „Wo soll ich hin?" Und die Antwort kam: „Das werde ich dir zeigen." Ich bat: „O Herr, laß mich nicht durch eigene Schuld aus dieser Arbeit ausscheiden." Da überwehte es mich wie ein zarter Hauch, als wollte Gott zu mir sagen: Friede sei mit dir.

Ich begab mich in die Küche, wo ich dieses Erlebnis meiner Frau und einer lieben Glaubensschwester, die gerade zu Besuch war, erzählte. Meine Frau war recht erschüttert: „Es wird doch nicht wahr sein, daß du diese Lebensstellung verlierst!" Ich entgegnete: „Bitte, erzählt niemandem davon. Ich habe es auch nur berichtet, damit ihr später Zeugnis geben könnt, daß ich das wirklich gehört habe."

Pfarrer Kreiselmeier kam ins Pensionsalter und suchte einen Nachfolger für sich. Wir beteten und sahen in Pfarrer B. den richtigen Mann. Der Aufgabenbereich vergrößerte sich. Ein Haus für die Volksmission wurde in Klingenmünster erworben. Nun wurde eine ganz andere Art der Arbeit begonnen.

Ein geschenkter Urlaub und Tage der Krankheit

Wieder waren wir zu einer Tagung des volksmissionarischen Freundeskreises zusammengekommen. Ich war damals gesundheitlich ziemlich hinfällig. Bei einem Waldspaziergang kam ein Freund auf mich zu und sagte: „Es ist Zeit, daß du einmal ausspannst!" Ich entgegnete: „Wie könnte ich in Urlaub gehen, wenn das Geld gerade zum Leben ausreicht. Außerdem hätte meine gesamte Familie Urlaub nötig und nicht nur ich." „Gut", sagte er, „dann soll deine ganze Familie Urlaub machen! Hier ist ein unterschriebener Scheck. Den Betrag kannst du später einsetzen." Ich war erschüttert und beglückt zugleich über die Liebe Gottes, die ich durch einen Menschen erfahren durfte.

Als ich zu Hause war, traf ich alle entsprechenden Vorbereitungen. Einige Tage vor unserer Abreise in die Schweiz kniete ich mich nieder, um zu beten. In diesem Augenblick durchfuhr mich ein furchtbarer Schmerz, ein Stich, der sich im ganzen Körper ausbreitete. Der Schweiß tropfte von meiner Stirn. Mit halb erstickter Stimme rief ich nach meiner Frau. Als sie mich sah, erschrak sie zutiefst und rief sofort den Arzt. Der Krankenwagen wurde bestellt. Im Krankenhaus vermutete man zunächst einen Blinddarmdurchbruch, operierte aber nicht, sondern gab mir Morphium zur Schmerzlinderung. Furchtbar war die darauffolgende Nacht. Mit zusammengebissenen Zähnen lag ich seufzend da und betete unaufhörlich: „Herr Jesus, erbarme dich meiner." Auch am nächsten Tag lag ich vor Schmerzen zusammengekrümmt im Bett. In meinem Herzen flehte ich zu Gott, daß doch Menschen kommen möchten, um mit mir zu beten. Und der Herr erhörte. Erika Bangel kam und Leander Penner, der gerade bei „Jugend für Christus" Vorträge hielt. Unter Handauflegung und Gebet der beiden ging der Schmerz zurück; es blieb nur eine Stelle in der Blinddarmgegend, die sich wie ein Bienenstich anfühlte. Als später der Arzt kam, sagte ich ihm, was geschehen war. Nachdem ich tagelang keinen Stuhl gehabt hatte, wurde meiner Bitte um einen Einlauf entsprochen, worauf sich Eiter und Blut entleerten, die einen großen Gestank verbreiteten. Nach der Röntgenuntersuchung stellte sich heraus, daß ich eine Darm-, Gallen- und Nierenkolik gehabt hatte. Zwei Nierensteine waren noch in einem Knick des Harnleiters hängengeblieben. Treppenhüpfend gingen diese später auch ab. Ich mußte jedoch noch im Krankenhaus bleiben.

Meine Familie fuhr ohne mich in die Schweiz. Dies war schmerzlich für mich, doch ich freute mich, daß sie soviel Schönes erleben durften. Wie groß ist die Güte Gottes!

Etliche Tage nach dem Eingreifen Gottes erreichte mich eine Karte aus USA, auf der mein Freund Berni schrieb: „Soeben rief uns Dr. Dirks an, daß du in großer Lebensgefahr seiest. Er ist zur Zeit in Frankfurt in meiner Wohnung, während ich in seiner Wohnung in Kalifornien bin. Meine Tochter und ich gingen auf die Knie. Wir spüren, wie der Raum, in dem du liegst, jetzt von einer Lebensatmosphäre erfüllt wird. Gott sei gedankt, der dich errettet hat." –

Woher wußte er, daß Gott mir geholfen hatte? Bei ihm war es Nacht, bei mir Tag, als die Geschwister mir die Hände auflegten. Wohl zur gleichen Zeit, als diese beteten, befahl Berni in Kalifornien den Todesengeln zu weichen. Welch wunderbares Zusammentreffen! Ja, Gott erhört Gebet.

Krankheitszeiten

Als meine Familie aus der Schweiz zurückkam, schenkte Gott auch mir einige Tage der Stille. Erika Bangel nahm mich in ihrem Wagen mit nach Schloß Egloffstein zu einer kleinen Mitarbeiterrüste. Weissagungen müssen bestätigt werden. Ohne von meiner persönlichen Erfahrung zu wissen, wurde mir beim Abschluß unter Handauflegung folgende Segnung zugesprochen: „Fürchte dich nicht! Vergiß, was dahinten ist. Gott führt dich in neue Aufgaben, um Hirte und Lehrer zu sein!"

Neue Aufgaben? Hirte und Lehrer? Wie mag das zugehen. Ich fühlte mich unendlich schwach und auch nicht fähig, wieder zu arbeiten.

Und doch forderte der Alltag mich neu mit all seinen Pflichten.

Eines Morgens beim Frühstück befiel mich ein furchtbarer Schwindelanfall. Der Kreislauf setzte aus. Ich fiel nach rückwärts direkt auf eine Chaiselongue und konnte mich nicht mehr aufrichten. Immer dunkler wurde es um mich. Meine Ohren aber wurden sehr weit und hellhörig. Es war ein Empfinden, als würde ich auf einer Sommerwiese sein, wo Bienen summten; als öffnete sich bereits ein Spalt des Jenseits, wobei ich aber noch das Diesseits wahrnahm. Der herbeigerufene Arzt stellte eine große Herzschwäche fest.

Zu jener Zeit gab es sehr viel organisatorische Arbeit. Um ihr nachzukommen, engagierte ich meine Familie. Sie erledigten Aufgaben wie: Versendung von Schriftmaterial für Bibelwochen, Bestellungen, Auskünfte und vieles andere. Es war eine ungeheure Last, denn mein Junge mußte für die Schule lernen, und meine Frau hatte außer der Familie mich zu betreuen. So mußten wir schließlich kapitulieren.

Eines Nachts war mein Zustand so schlimm geworden, daß wir wieder einen Arzt holen mußten. Es war gegen 4 Uhr morgens, als der Blutdruck so niedrig war, daß der Arzt kaum eine Vene fand, um eine Injektion vorzunehmen. Es war mir, als wenn ich sterben müßte. Durch Vermittlung von Pfarrer Fuchs wurde ich ins Theresienkrankenhaus eingewiesen. Nach vierwöchigem Aufenthalt konnte ich in gebessertem

Zustand nach Hause gehen. Aber ohne Stütze war ich nicht fähig, mich alleine zu bewegen. Ein Schwindelgefühl ließ kaum nach.

Der Vertrauensarzt schrieb mich nach kurzer Untersuchung gesund, so daß ich nicht einmal Krankengeld bekam. Außerdem ließ mich Pfarrer B. wissen, daß er nicht länger auf einen Geschäftsführer verzichten könne. Ich solle lieber selbst kündigen, damit er mir erspare, mich wegen Unfähigkeit aus dem Amt ausscheiden zu lassen. Das war ein schwerer Schlag, ich war mit der volksmissionarischen Arbeit aufs tiefste verwachsen. Man gab mir jedoch noch ein paar Wochen Frist.

Inzwischen traf mich ein neuer Schlag. Ich bekam wieder im Unterleib Beschwerden. Zu einer Operation wurde ich ins Krankenhaus eingeliefert. Nun war die Kündigung endgültig. Ich war aus dem volksmissionarischen Amt, wie es hieß, auf eigenen Wunsch entlassen. Zu Hause lag ich, sollte eine Familie versorgen und war doch unfähig in jeder Beziehung.

Aber Gott hatte mich nicht vergessen. Eines Tages kam mein lieber Freund O. mit einer Liste und sagte: „Lieber Ludwig", und dabei zeigte er auf eine Namensliste, „wir haben uns entschlossen, dir jeden Monat DM 500.— zukommen zu lassen. Sei unbesorgt und werde nur wieder ganz gesund. Wir sind gewiß, daß du nach einem Jahr die Arbeit wieder aufnehmen kannst. Dann sei für die Dienste der missionarischen Arbeit im Freundeskreis da. Gott wird dich führen." Da es nun auch der kälteren Jahreszeit zuging, besorgte er mir einen Zimmerofen. – Wieviel Fürsorge und Liebe hat Gott mich in diesen Tagen erfahren lassen!

Diese Freunde unterstützen mich teilweise heute noch nach über 20 Jahren.

Nun hatte sich ja Gottes Ankündigung erfüllt. Ich war aus dem volksmissionarischen Amt ausgeschieden. Aber auch die andere Weissagung sollte sich erfüllen, nämlich Hirte und Lehrer zu sein.

Gottesdienstunterbrechung

Nachdem ich zu Hause war und noch kaum richtig gehen konnte, drängte es mich an einem Sonntag sehr, den Gottesdienst unserer Erlöserkirche zu besuchen. Es war der 20. August 1961. Als Stütze hatte ich mein Fahrrad mitgenommen, an dem ich mich festhielt. In der Kirche angekommen, setzte ich mich wie gewohnt in die vordere Bank, um besser zuhören zu können. Es war nicht der übliche Pfarrer, der Dienst tat, sondern ein Vikar der modernen Richtung. Er sprach über das Gebet und über Wunder, indem er die Gemeinde aufklärte, daß so etwas heute überholt sei. Während seiner Predigt hörte ich im Innern eine Stimme: „Geh hinaus und gib ein Zeugnis." Ich glaubte, es wäre eine Täuschung und meine eigenen Gedanken, die mich beschäftigten, und deshalb widerstand ich diesem Drang. Aber immer deutlicher wurde die Stimme. Schließlich war es wie ein Fragen und Antworten. Gott fragte mich: „Gehörst du mir?" „Ja", sagte ich, „wenn du es bist, Vater im Himmel." „Willst du mir gehorchen?" „Wenn du es bist, Herr Jesus Christus."

„Dann geh hinaus und gib ein Zeugnis." Ich sagte: „O Herr, ich bin viel zu schwach. Mein Herz ist zu matt. Ich kann das nicht tun. Ich kann auch nicht reden." Wiederum kam die Frage: „Gehörst du mir?" „Ja, Herr, wenn du es bist!" „Dann geh hinaus und gib ein Zeugnis." So ging es etwa eine Viertelstunde lang, bis ich schließlich sagte: „Herr, ich will." Die Predigt ging zu Ende, und ich ging von der vorderen Bank hin zur Kanzel. „Herr Vikar!" sagte ich, „Wenn Sie Mut und Vertrauen zu mir haben, dann lassen Sie mich etwas zur Predigt sagen." Seine Frage war: „Vor oder nach dem Gebet?" Ich sagte: „Vielleicht gleich." Er jedoch entschied: „Nach dem Gebet." Danach sagte er zu der Gemeinde: „Herr Katzenmaier, unser Gemeindeglied, möchte etwas gegen die Predigt sagen."

Ich begann: „Nichts gegen die Predigt, sondern zur Predigt möchte ich etwas weitergeben." Dann erzählte ich jenes Erlebnis, wie mir Gott in einem Monat 1600.– DM in die Hand gegeben hatte und mir wunderbar hindurchhalf. Als ich so redete, erfüllt von Gottes Kraft, fingen viele Menschen in den Bänken an zu weinen. Eine Frau schluchzte laut auf. Das war mir peinlich. Doch der Vikar nahm alles positiv und sagte: „So war es in der Urgemeinde auch." Als er seinen Gottesdienst beendet hatte, fragte er mich: „In 14 Tagen spreche ich wieder über das Gebet. Sind Sie bereit, dann noch einmal Zeugnis zu geben?" Ich entgegnete: „Herr Vikar, ich bin sehr schwach. Es war ein einmaliger Auftrag." – Ich wartete in meiner Bank, bis alle aus der Kirche hinausgegangen waren, denn ich wollte niemandem begegnen. Als ich jedoch den Ausgang verließ, wartete dort eine Frau auf mich und begann: „Ich war die Frau gewesen, die so laut hinausgeheult hat. Durch Ihr Zeugnis bin ich wachgerüttelt worden, denn ich stamme aus dem Osten und habe im Westen fast meinen Glauben verloren. Könnten wir miteinander reden und beten?" Ich war gerne dazu bereit. Damit glaubte ich, meinen Auftrag erledigt zu haben. Doch Gott hatte noch weiteres vor.

Verhinderter Selbstmord

Inzwischen war längere Zeit vergangen. Es ging mir gesundheitlich wieder wesentlich besser. Es war der 8. Februar 1962, als ich den Anruf eines Bekannten bekam, der mich bat, dringend einen Herrn R. aufzusuchen. Er selbst hätte gerade eine Sitzung mit führenden Direktoren und könne deshalb nicht weg. Ich möchte mich bitte gleich auf den Weg machen, denn dieser Herr R. habe ihm aus großer Not heraus telefoniert. So stieg ich auf mein Fahrrad und machte mich auf den Weg zur angegebenen Straße. Als ich zu läuten versuchte, merkte ich, daß die Klingel abgestellt war. Ich versuchte es noch einmal und klopfte heftig an die Tür. Jedoch erfolgte auch dieses Mal keine Reaktion. Da trommelte ich noch stärker. Zum Schluß ging ich an das doppelt verglaste Winterfenster und klopfte mit aller Macht dagegen. Ich hatte nämlich den Eindruck, daß hinter der Tür ein Mensch in großer Lebensgefahr stand. Als dann wiederum keine Reaktion folgte, ging ich einige Schritte zurück, schaute am Haus nach oben und meinte auch, der Vorhang hätte sich bewegt. Trotzdem öffnete auch diesmal niemand. Darum entschloß ich mich, die Polizei anzurufen. Mein Freund Theo war zu jener Zeit bei der Kriminalpolizei beschäftigt. Mit ihm ließ ich mich verbinden und sagte: „Theo, es ist doch Pflicht, die Polizei zu verständigen, wenn Menschen in Lebensgefahr sind. Ich kann es zwar nicht beweisen, aber ich habe das Empfinden, daß jemand gerade einen Selbstmordversuch unternimmt. Was soll ich tun?" Er gab mir eine Verbindung zur Mordkommission. Diese forderten mich auf: „Sagen Sie uns die Adresse und gehen Sie selbst sofort wieder zu dem Haus zurück. Wir werden gleich kommen." Ich bat: „Kommen Sie bitte nicht mit Blaulicht oder irgendwelchen Sirenen." „Nein", sagte der Kriminalbeamte, „wir werden in Zivil eintreffen." Ich ging zum Haus zurück und klopfte erneut an die Tür. Sie wurde sofort geöffnet. Ein Mann mit verweinten Augen trat heraus und sagte: „Kommen Sie herein. Ich kenne Sie."

Zunächst stellte ich die Frage: „Sie wollten doch Selbstmord begehen?" „Ja", sagte er und führte mich einen Stock höher, wo drei Abschiedsbriefe lagen, die fertig geschrieben waren. Nur an dem einen fehlte noch die Unterschrift. Davor stand ein Glas mit „E 605" bis an den Rand gefüllt. Er sagte: „Als ich gerade die letzte Unterschrift daruntersetzen wollte und das Glas zum Mund führte, klopfte es an die Tür. Eigentlich störte mich das nicht, denn ich wollte sowieso meinem Leben ein Ende bereiten. Doch dann hämmerte es so stark, daß ich aufsprang und sagte: ‚Solch ein unverschämter Kerl, der schlägt mir noch die

Scheibe ein!' Als ich vom Fenster aus hinunter schaute, blickten Sie gerade nach oben. Ich erkannte Sie." Erstaunt fragte ich ihn: „Woher kennen Sie mich? Ich habe Sie noch nie gesehen." „Das glaube ich wohl", sagte er. „Vor zehn Jahren habe ich meine Frau mit vier Kindern im Stich gelassen, um mit meiner Sekretärin zusammenzuleben. Ab diesem Zeitpunkt ging ich auch in keine Kirche mehr. – Es war im August letzten Jahres an einem wunderschönen Sonntagmorgen. Die Glocken läuteten so schön. Da nahmen wir uns vor, zur Kirche zu gehen. Wir waren überrascht, als gegen Ende des Gottesdienstes die Ankündigung kam, daß jemand etwas gegen die Predigt sagen wollte. Wir freuten uns auf eine Diskussion. Um so tiefer bewegte uns aber Ihr Zeugnis. So entschlossen wir uns, am kommenden Sonntag wieder in die Kirche zu gehen. Doch wir entdeckten Sie nicht mehr, und auch die Predigten sprachen uns nicht an. Ab da unterließen wir weitere Gottesdienstbesuche." Ich fragte ihn: „Wie kam es aber, daß Sie Selbstmord begehen wollten?" Er sagte: „Ich bin in einen furchtbaren Zustand geraten. Frau N., mit der ich zusammenlebe, liegt im Krankenhaus im Sterben. Die Ärzte haben gesagt, es wäre keine Hoffnung mehr. Vor etlicher Zeit nun hatte ich meiner früheren Frau geschrieben, daß ich wieder Kontakt mit ihr aufnehmen möchte und auch die Kinder gerne sehen würde. Sie schrieb zurück: ‚Bleib wo du bist, du Lump. Ich will nichts mehr von dir wissen.' In meiner Verzweiflung ging ich gestern abend in eine Spielhölle und habe dort mein ganzes Geld verspielt. Ich bin völlig verzweifelt, denn in dieser ausweglosen

Situation hat das Leben für mich keinen Sinn mehr. – Doch als ich Ihr Gesicht erkannte, wußte ich, daß es doch noch Hoffnung gibt." Während wir uns noch unterhielten, kam die Kriminalpolizei. Sie fragte Herrn R., ob er Selbstmord verüben wollte. Er bejahte es. Hierauf legten sie ihm ein Papier zur Unterschrift vor, das bestätigte, daß er seine Meinung geändert hätte. Daraufhin verließen sie wieder das Haus. Im weiteren Gespräch übergab Herr R. sein Leben an Jesus Christus. Wir entschlossen uns, Frau N. im Krankenhaus aufzusuchen. Außerdem schrieben wir an Herrn R.'s Familie und baten erneut darum, Kontakt aufzunehmen. In dem Brief erwähnten wir, daß er ein neues Leben beginnen wolle. Wir gingen ins Krankenhaus. Frau N. war schwer krank. Ich sprach mit ihr über die vergangenen Geschehnisse. Sie war tief beeindruckt. Nun wollte auch sie ein neues Leben mit Jesus anfangen. Neue Hoffnung kam in alle Herzen. Frau N. wurde durch Gottes Gnade in kurzer Zeit gesund. Wir hielten Kontakt miteinander, und es war eine Freude mitzuerleben, wie Gott an ihnen wirkte.

Eines Tages rief mich Herr R. an und sagte: „Kommen Sie doch zu mir, Herr Katzenmaier, das müssen Sie einfach sehen. Die Frau, die mich einst von meiner Familie abbrachte, folgt nun entschieden Jesus nach. Den Beweis dafür finden Sie in unserer Wohnung."

Als ich kam, erfuhr ich, daß Frau N. in Kur gefahren war, und nun fand ich überall Zettel liegen mit der Aufschrift: „Vergiß nicht zu beten." Auf dem Küchentisch lag einer, ein weiterer fand sich im Wohnzimmer auf dem Tisch, wieder einer in den Blumen, ein anderer auf dem Bett. Welch ein Wunder hatte Gott getan.

Ein Freund von mir lieh Herrn R. die gesamten Spielschulden, auch auf das Risiko hin, nie wieder etwas davon zu bekommen. Auch da sorgte Gott, daß Herr R. zum Frieden kam.

Einige Zeit später kam es zu ersten Kontakten mit seiner ersten Familie. Ein neues, hoffnungsvolles Verhältnis bahnte sich an.

Eines Morgens, als meine Frau das Radio einschaltete, gab es einen Riesenknall, und der Apparat war kaputt. „Schade", sagte sie, „jetzt haben wir keine Möglichkeit mehr, Radio Luxemburg zu hören, denn unser Geld ist knapp." „Komm", sagte ich, „wir wollen auch diese Angelegenheit vor Gott bringen."

Inzwischen war es Nachmittag geworden, und Herr R. rief an: „Herr Katzenmaier! Jeder Tag mit Jesus ist schöner. Ich bin so glücklich. Sie wissen ja, daß ich Geld leihen mußte und niemandem Geld geben kann. Doch ich möchte so gerne irgend jemandem eine Freude machen. Ich habe nämlich 2 Radioapparate und würde gerne einen davon verschenken. Kennen Sie jemanden, der einen braucht?" „Ja, unser Radio ist seit heute früh unbrauchbar. Wir haben Gott darum gebeten, daß ER uns einen Apparat schenken möchte." „Welch eine Freude", rief er, „daß ich auch Ihnen einmal etwas Gutes tun kann."

Die Kontakte des Herrn R. mit den Kindern und Enkelkindern wurden immer herzlicher.

Wieviel hat Gott für diese Menschen getan! Wieviele Wunder durften sie erfahren! Diese fast unglaubliche Geschichte hat jedoch ein trauriges Ende.

Als Frau N. aus der Kur zurückkkam und besser aussah als je zuvor, brach die alte Liebe wieder auf. Erst als sie wieder in Not kamen, versuchten sie erneut, Kontakt mit mir aufzunehmen. Ich aber lehnte ab.

Gott ist Herr über alle Krankheit und Not. Aber er ist auch der Herr über alle Sünde. Von uns will er, daß wir ihm vertrauen und gehorchen. Gott will nicht nur in der Not unser Herr sein, sondern auch besonders in den Tagen der Freude.

Im Sanatorium

Als Gotteskinder haben wir immer einen Auftrag, wenn wir nur IHN immer bekennen. Mag es am Anfang auch so aussehen, als hätten wir völlig versagt oder hätten den Hebel an der verkehrten Stelle angesetzt, zum Ende führt doch Gott alles herrlich hinaus.

Wieder war ich in Kur. Wir saßen beim Mittagstisch. Nun kam für mich die entscheidende Frage: „Soll ich meine Hände falten? Soll ich beten unter diesen Menschen, deren Gesichter nicht gerade vertrauenerweckend aussehen?" Zuerst faltete ich meine Hände unter dem Tisch; aber dann war es mir, als würde Jesus sagen: „Feigling!" „Wer mich bekennt vor den Menschen, den will ich auch bekennen vor meinem himmlischen Vater. Wer mich aber verleugnet vor den Menschen, den werde ich auch verleugnen vor meinem himmlischen Vater." Sofort faltete ich meine Hände über dem Tisch und schloß die Augen. Als ich danach aufschaute, sah ich mich von allen Seiten mit Blicken durchbohrt. In meinem Herzen stieg Angst auf. Dann aber dachte ich mit Wilhelm Busch: „Ist dein Ruf erst ruiniert, bist du gänzlich ungeniert." So ging ich nach dem Essen in den Unterhaltungsraum, setzte mich an den Flügel und spielte und sang:

> „Dort am Gnadenthron, dem hehren
>   Friedenshort,
> hör aus Gottes Mund ich das
>   Verheißungswort:
> Jesus nimmt die Sünder an
> und erlöst aus Satans Bann,
> dort am Gnadenthron, dem hehren
>   Friedenshort.
> Bruder, komm! Schwester, komm!
> Sünder, komm mit mir den schmalen
>   Lebensweg."

Nachdem sich beim Klang des Flügels einige Neugierige genähert hatten, schlichen sie beim Text des Liedes nacheinander wieder hinaus.

Danach ging ich in mein Zimmer, das ich mit einem ruhigen Menschen teilte. Dieser erzählte mir, daß wegen mir allerlei Aufruhr entstanden sei. Etliche hätten gerufen: „Pfarrer Kneipp ist zu uns gekommen. Leute hört, ein Verrückter ist unter uns." Mein Zimmernachbar sagte mir, daß er meinen Glauben achte, mich jedoch nicht verteidigen würde.

Nachdem ich einige Tage ziemlich mißtrauisch

beobachtet worden war, kam allmählich Ruhe in meine Situation. Ich hatte meine Schreibmaschine mitgenommen und arbeitete an einigen Gedichten, die ich zu einem kleinen Werk zusammenfassen wollte. Das Schreibmaschinengeklapper hatte einen angelockt. Es klopfte an meine Tür. Ein Mitbewohner bat mich, ihm ein Schreiben zu verfassen. Es wäre ihm Unrecht geschehen, da man seine Schwerbeschädigung nicht anerkenne. Er zeigte mir seine Verletzung. Ich formulierte ein Schreiben von sechs Seiten und las es ihm vor. Er war begeistert. Später erfuhr ich, daß es genau dieser Mann war, der mir den Namen „Pfarrer Kneipp" angehängt hatte. Als er nun mit den anderen zusammen war, sagte er: „Sagt ja nichts mehr über diesen Mann, denn er hat mir sehr geholfen." Gott hatte mir also die erste Bresche geschlagen.

Wenige Tage später klopfte ein Zimmernachbar an. „Verachten Sie mich?" begann er. „Warum sollte ich Sie verachten?" entgegnete ich. „Wissen Sie denn nicht, daß ich ein Jude bin?" Ich antwortete: „Das ist ja wunderbar! Mein Herr und Heiland ist ein Jude gewesen. Deshalb liebe ich diese Menschen besonders." Er erzählte mir, daß er im Konzentrationslager gewesen wäre. Dort hatte man ihn mit Stricken an ein Kreuz gebunden und stundenlang hängen lassen. Als man dachte, er sei tot, ließ man ihn herunter. Unter dem Kreuz blieb er bewußtlos liegen. In der Nacht trugen ihn Menschen in die Baracke und verbargen ihn im Stroh. Ein Lagerarzt erbarmte sich seiner und gab ihm Spritzen, worauf er wieder zu sich kam. Bald darauf wurde er vorübergehend entlassen.

In dieser Zeit begegnete er einem anderen Juden, der ihm sagte, er müsse seine Ausreise um zwei Monate verschieben. Arthur könne seine Fahrkarte in Anspruch nehmen. Dieser Mann konnte seine Reise nie nachholen, denn er wurde abgeholt und umgebracht. Auf diese Weise blieb Arthur am Leben. Ich habe die Narben an seinem Körper gesehen und darüber tiefe Trauer empfunden, welches Unrecht den Juden geschehen ist. Trotz alledem hatte er keinen Haß in seinem Herzen. – Ich durfte ihm den Weg zum Heiland zeigen, den er mit Freuden als seinen Herrn annahm.

Wieder einige Tage später klopften zwei Männer an meine Tür. Sie sagten, sie seien Edelkommunisten. Der eine, ein baumlanger Kerl, erzählte mir, er wäre früher bei der SS gewesen, hätte sich dann aber umgestellt. Er kam auf mich zu und sagte: „Wir haben dich jetzt drei Wochen beobachtet." Dabei schlug er mir auf die Schultern und sagte: „Du bist in Ordnung. Mit dir kann man reden. Du bist kein Mucker." Wie war ich dem Herrn dankbar, daß ich auch hier Zeugnis geben konnte durch meinen Wandel.

Eines Abends gab es Quark mit Kartoffeln. Jener, für den ich den Krankenbericht geschrieben hatte, damit er seine Rente genehmigt bekommen sollte, war es, der in einem Anfall von Zorn den Quark mit den Kartoffeln an die Wand warf. Eine dumme Situation, die ihm eine frühzeitige Entlassung einbringen konnte. Die Oberschwester wurde gerufen. Da kam jener baumlange Mann auf mich zu, der mit dem anderen „Edelkommunisten" in mein Zimmer gekommen war, nahm den wütenden Mann und mich und schob uns beide zur Tür hinaus. Er sagte dabei zu mir: „Du kannst ihm helfen. Geh mit ihm." Als wir draußen waren, bekam jener einen Schreikrampf. Ich ließ ihn schreien, nahm ihn am Arm und ging mit ihm in die Nacht hinaus, wobei ich still im Innern betete. Dann betete ich auch laut für ihn. Er wurde immer ruhiger. Wir konnten schließlich wieder zurückkommen. Erstaunen war bei allen, daß er so zur Ruhe gekommen war. Ich aber wußte, es war der Herr gewesen, der mir geholfen hatte, ihm zu helfen. Die Oberschwester hatte nicht erfahren, wer es gewesen war. Noch anderen durfte ich auf diese Weise helfen und den Weg zu Jesus weisen.

Am Schluß bekam ich als Prämie die Ehrennadel von Breitenbrunnen, dem Sanatorium: Tannen auf Emaille. Ich konnte dem Herrn Jesus nur immer wieder dafür danken, daß Er mir alle Feigheit weggenommen hatte, denn bei dem ersten Tischgebet hatte ja alles angefangen.

Streiflichter aus dem Leben Eugen Vinnais

Mit Eugen Vinnai verband uns eine herzliche Freundschaft. Da er im Krieg Juden unterstützt hatte, war er während des Dritten Reiches lange im Gefängnis. Dort war er oft in äußerster Lebensgefahr; aber der Herr half ihm gnädig hindurch. Nach dem Krieg fing er an, in seiner Malerstube Menschen das Evangelium zu verkündigen. Aus seinem Hauskreis wuchs eine größere Hausgemeinde. Bruder Vinnai durfte dann für einige Zeit in der Kirche eines Pfarrers seine Versammlungen abhalten. Als ein neuer Pfarrer kam, war dies unmöglich, da dieser es nicht ertragen konnte, daß seine lutherische Kanzel von einem Laien benutzt wurde. Daraufhin mietete Eugen Vinnai jeweils die Vortragssäle des Deutschen Museums in München, wo ein Kreis von einigen hundert Menschen, vor allem auch Katholiken, seinen Vorträgen zuhörte.

Eugen Vinnai hatte nicht nur die Gabe anschaulicher Bibelarbeiten, sondern der Herr hatte ihn auch bevollmächtigt, unter Gebet und Handauflegung im Namen Jesu kranke Menschen zu heilen. In einem Kloster war die Vorsteherin sehr krank geworden. Ein rötlicher Ausschlag überzog den Körper und das Gesicht. Sie wirkte dadurch sehr entstellt. Wegen dieser Krankheit, die auf Medikamente nicht ansprach, hatte die Vorsteherin verschiedene Wallfahrten nach Lourdes und Fatima unternommen. Nichts hatte geholfen. Nun hörte sie eines Tages von Eugen Vinnai und bat ihn, zu ihr zu kommen. Gott gab die Gnade, daß jene Klosterfrau gesund wurde und die Kraft Gottes erfahren durfte. Als Eugen Vinnai später starb, läuteten die Glocken ihrer Wallfahrtskirche zusammen, und die Klosterfrauen sagten untereinander: „Ein evangelischer Heiliger ist gestorben."

Neue Wege: München

Während ich noch im Sanatorium war, starb mein Freund Eugen Vinnai. Kurze Zeit später besuchte mich seine Frau Gisela. Sie sagte: „München hat einen großen Freundeskreis. Auch in Stuttgart und anderen Orten sind Kreise, die betreut werden sollten. Könntest du nicht diese Arbeit übernehmen? Es liegt nun seit dem Tode meines Mannes so vieles brach." „Verzeih meine Absage", bat ich sie, „aber der Chefarzt sagte mir, daß mein Herz zu schwach ist, um weite Reisen zu machen und Vorträge zu halten. Und ich spüre es selbst." Sie jedoch sagte: „München hat einen so großen Freundeskreis. Es wäre schade, wenn niemand diese Arbeit weiterführte. Komm doch wenigstens ein einziges Mal nach München." So entschloß ich mich und sagte für ein einziges Mal „Ja".

Am 10. Dezember 1961 sprach ich im Deutschen Museum dann zum ersten Mal. Die Menschen baten mich sehr, wiederzukommen. Schwer nur konnte ich mich für die Termine im Februar entschließen. Dennoch sagte ich zu. Die Themen waren: Von dämonischer Umklammerung zur Freiheit, und: Wie bekomme ich Vollmacht? Wiederum bat man mich herzlich zu kommen. Gott schenkte mir von Mal zu Mal neue Kräfte.

Inzwischen sind 23 Jahre vergangen! Immer noch darf ich den Münchner Dienst tun. „Wo ist solch ein Gott wie du?"

Abends waren die Vorträge im Deutschen Museum, und tagsüber hielt ich Sprechstunden. Es ist wichtig, daß nach solchen Vorträgen Seelsorge angeboten wird. Es gibt in unseren Tagen so viele belastete Menschen, die Hilfe im persönlichen Gespräch suchen.

Jesus heilt einen Schwerkranken

In München bat uns ein Architekt um einen Besuch bei ihm. Er hatte einen Herzinfarkt gehabt und war nun aus dem Krankenhaus nach Hause entlassen worden. Neben seinem Bett stand eine Sauerstoffflasche, von welcher ein Schlauch zu seiner Nase führte. Er konnte nicht aufstehen und war sehr schwach. Da ich nicht wußte, ob ich ihn nochmals besuchen könnte, sagte ich zu ihm: „Herr Architekt, Sie haben für irdische Häuser gesorgt, sowohl für deren Aufbau, als auch für deren Innenausstattung. Sie haben weitsichtig geplant. Ihr Leib ist auch ein solches Haus, das aber jetzt abbruchreif ist. Sie merken es selbst, in welch einer Verfassung Sie sich befinden. Ich weiß nicht, was für eine Diagnose die Ärzte Ihnen gestellt haben. Eines aber ist sicher: Wir alle müssen einmal diese Welt verlassen, und dann steht die Frage offen, ob wir in der neuen Welt später eine himmlische Heimat haben. Haben Sie dafür vorgesorgt? Steht etwas zwischen Ihnen und Gott?" Er gab mir zur Antwort: „Sie sind aber geradeheraus. Sie reden ziemlich ernst mit mir." Ich entgegnete: „In einer solchen Situation kann man auch nichts verschleiern."

Wenn ich spüre, daß Menschen bereit sind, ihr Leben in Ordnung zu bringen, helfe ich ihnen dabei durch gezielte Fragen. Zunächst frage ich nach okkulten Belastungen in ihrem Leben: z. B. Handlinienlesen, Kartenlegen, Horoskop, Besprechen, Brauchen, Pendeln, Tischrücken, 6. und 7. Buch Mose und andere abergläubische Dinge, von denen unsere Zeit geprägt ist. Diese

Praktiken machen die Menschen oft blind für andere Sünden. Siehe auch die Schrift von Pfarrer Dr. Kurt Koch „Das okkulte ABC" (2. Aufl., 832 Seiten mit 500 Beispielen.) Ich frage weiter nach sexueller Schuld, Betrug und Lügen. Wer so direkt angesprochen wird, hat oft mehr Mut, Dinge beim Namen zu nennen. Habe ich den Eindruck, daß alles gesagt worden ist, spreche ich mit ihnen zusammen ein Lossagegebet. Näheres hierüber in meiner Schrift „Seelsorgerliche Beratung für okkult Belastete". Auf dieses folgt ein Übergabegebet; hernach ein Bindegebet im Sinne von Matthäus 18,18: „Was ihr auf Erden binden werdet, soll auch im Himmel gebunden sein, und was ihr auf Erden lösen werdet, soll auch im Himmel los sein."

Nach solch einem Gebet fragte ich den Architekten: „Sind Ihnen Ihre Sünden leid? Wollen Sie Ihr Leben Jesus Christus übergeben, daß er aus Ihnen ein Werkzeug seiner Liebe machen kann?" „Ja", war die Antwort. Daraufhin sprach ich: „Wir bezeugen vor dem lebendigen Gott, daß Sie Ihr Leben Jesus Christus übergeben haben. Er selbst, der Herr, versiegele Sie mit seinem Heiligen Geist als sein göttliches Eigentum. Nun ist Ihr Name im Himmel eingeschrieben."

Als wir so mit ihm gebetet hatten, richtete sich der Kranke auf. Dann legten wir ihm die Hände auf und sagten: „Herr Jesus Christus, laß nun deine göttliche Kraft in diesen kranken Körper hineinkommen." Der Mann versuchte, sich aufzusetzen: „Mir wird so hell in meinem Kopf und so wohl", sagte er, „beten Sie bitte weiter." Als wir schließlich Amen sagten, stand er auf, nahm den

Schlauch aus der Nase und ging mit uns zur Tür. Er bat uns: „Kommen Sie bald wieder." Wir aber mahnten: „Legen Sie sich wieder hin". „Nein", lehnte er ab, „ich bin gesund." Es war für uns unfaßbar. Er bat uns, ihn wieder zu besuchen, was mir aber von der Zeit her kaum möglich war. Der Andrang der Menschen, die Seelsorge suchten, war sehr stark. Am dritten Tag saß der Architekt im Vorraum der Wohnung, in der ich die Menschen zur Aussprache empfing. Erschrocken sagte ich: „Sie sind gekommen?" Er antwortete: „Ich habe mich mit dem Taxi hierherbringen lassen. Bitte beten Sie noch einmal mit mir." Das tat ich und rühmte die göttliche Kraft und das heilige Blut Jesu Christi. Er stand auf und ging den Weg von etwa zwei Kilometern fröhlich zu Fuß nach Hause, gesund. Preis dem Herrn Jesus für solche Gnade!

Hier muß eingefügt werden, daß Seelsorge zu üben nicht jedermanns Sache ist und daß zum Lösen und Binden es von Jesus geschenkter Autorität bedarf. Jeder Vorwitz beleidigt Gott. Wer, ohne eine Berufung hierfür zu haben, dennoch einen solchen Dienst tut, dem mag es gehen, wie den 7 Söhnen des Hohenpriesters Skevas (Apostelgeschichte 19,13–16): „... der Mensch, in dem der böse Geist war, sprang auf sie und ward ihrer mächtig und warf sie unter sich...".

Die Lossage durch den Seelsorger geschieht in ähnlicher Weise wie das Bekennen.

Eine Frau darf weiterleben

Karoline und ihr Mann, ein Musiker, unternahmen gerne Skifahrten und Alpentouren. Eines Tages – die Frau hatte Krebs, der jahrelang zum Stillstand gekommen war – brach diese Krankheit erneut aus. Der Darm funktionierte nicht mehr. Sie lag im Krankenhaus, und ich wurde dringend gebeten, sie zu besuchen. Sonntags in aller Frühe kam ich zu ihr. Sie hatte am Morgen schon zum Herrn gerufen, er möge sie anrühren.

Ich rühmte den Namen Jesu über ihr und gebot den Krankheitsmächten zu weichen, denn sie war ein gläubiges Gotteskind. Über all dem wurde sie sehr froh. Wir dankten dem Herrn, obwohl sich ihr Zustand noch nicht verändert hatte. Bald nach meinem Weggehen fing der Darm wieder an zu arbeiten. Man sah von einer Operation ab, und sie durfte nach Hause gehen. Der Herr schenkte ihr zwei weitere Lebensjahre, in denen sie an der Seite ihres Mannes noch manchen Berg erklettern durfte. Preis sei Jesus, der unser Gebet hört und erhört.

Eine Frau für meinen Sohn, einen Mann für meine Tochter

Bei einer lieben Pfarrwitwe wohnte ein Mädchen namens Irmgard. Sie war von Beruf Katechetin. Da sie ihren Glauben verloren hatte, wollte sie den kirchlichen Dienst verlassen. Sie entschloß sich, als Vertreterin für Parfümerien und Toilettenartikel eine neue Existenz zu gründen. Marianne schickte sie zu mir, damit sie sich mit mir unterhalten sollte. Diese Aussprache fand dann auch statt. Am folgenden Tag kam sie wieder und entschied sich klar für Jesus. Sie löste das ganze Parfümerielager wieder auf und fand ein neues Betätigungsfeld. Von ihrer Bekehrung an kam sie auf jede Tagung und Freizeit, die ich in den verschiedensten Gegenden Deutschlands durchführte.

Eines Tages war ein Bruder aus dem Erweckungsgebiet von Indonesien bei uns. Irmgard war auch da und ebenfalls mein Sohn Uwe. Der indonesische Bruder kam auf mich zu und vertraute mir an, daß Irmgard große Sympathie zu meinem Sohn hätte. Ihm sei von Gott gezeigt worden, daß die beiden füreinander bestimmt seien. Ich aber sagte weder Irmgard noch meinem Sohn etwas von diesem Gespräch.

Eines Tages zeigte mir mein Sohn drei Fotos mit der Bemerkung: „Für eines dieser drei Mädchen will ich mich entscheiden." Ich staunte, als ich das Foto von Irmgard darunter sah. Doch ich schwieg weiter.

Inzwischen war es Weihnachten, und an der Universität begannen die Ferien. Uwe wollte zum Skifahren nach Garmisch gehen und bei dieser Gelegenheit Irmgard näher kennenlernen. Da er nicht allein fahren wollte, entschloß sich Evelyn, unsere Tochter, ihn zu begleiten.

Meine Frau und ich waren natürlich gespannt, wie sich diese Sache weiterentwickeln würde. Evelyn teilte uns dann im Laufe dieser Zeit telefonisch mit: „Stellt euch vor, Uwe hat sich mit

Irmgard verlobt!" Von dieser Zeit an waren Uwe und Evelyn öfter in Garmisch.

Eines Tages kam Evelyn mit der Nachricht zurück, sie hätte beim Skifahren einen sehr lieben Amerikaner kennengelernt. „Ich habe ihn in einer Skihütte kennengelernt, an die eine Gaststätte angeschlossen ist. Zu meiner großen Freude sah ich, wie er vor dem Essen betete." Einige Zeit später stellte sich uns Alan vor. Sie heiratete ihn und lebt nun in USA und ist mit ihrem Mann sehr glücklich.

Gott schenkt uns ein Haus

In Gesprächen und Vorträgen fanden immer mehr Menschen zu Jesus. Viele baten um Weiterführungen, was, durch die Entfernungen bedingt, oft nicht möglich war. Wichtig war mir auch, Mitarbeiter zu finden, die die Menschen weiterführen konnten. Diese Mitarbeiter aber brauchten auch Zurüstung.

Gott öffnete uns Häuser, in denen wir im kleinen Rahmen Tagungen durchführen konnten. Doch die Zahl der Teilnehmer überschritt meist bei weitem die Kapazität des Hauses. Manchmal übernachteten wir im Wohnzimmer wie Heringe in der Büchse.

So wurde der Wunsch nach einem eigenen Tagungsort groß. In wunderbaren Führungen zeigte Gott uns ein Haus am Chiemsee. Viele Menschen setzten sich mit ihrer ganzen Kraft ein, damit dieses Haus erworben werden konnte. Oft kamen im letzten Moment die erforderlichen

Geldbeträge zusammen. Menschen gaben ihre Zeit, um dieses Haus zu verschönern, gaben zinslose Darlehen, schenkten ihre eigene Freizeit, um bei den Tagungen zu kochen. Dieses Haus wurde schon vielen Menschen zum Ort einer Begegnung mit dem lebendigen Herrn Jesus, anderen zu einem Ansporn, Jesus treuer nachzufolgen, wieder anderen wegweisend für eine neue Aufgabe.

Unser Haus ist offen für alle, die Hilfe und Heilung bei Jesus suchen. Deshalb reden die Leute im Ort auch manchmal komisch über uns, weil sie belastete Menschen dort antreffen. Doch unser Herr ist zu den Kranken gekommen, nicht zu den Gesunden, zu Hungernden und nicht zu den Satten, zu Suchenden und nicht zu solchen, die meinen, schon alles zu haben. Und wir schämen uns der Schwachen nicht. Wir nehmen sie an, weil Christus sie angenommen hat. Weil er auch uns angenommen hat, als wir noch Sünder waren, haben wir Erbarmen mit denen, denen es ähnlich geht.

So ist es mein Gebet, daß dieses Haus noch vielen helfen darf, mit brennendem Herzen dem Herrn Jesus zu dienen und seine Botschaft weiterzugeben. Denn er kommt bald!

NACHWORT

Wenn ich mein Leben überdenke, von dessen schönen oder leidvollen Erfahrungen in dieser Schrift einiges niedergelegt ist, so kommt mir das Wort des Apostels Petrus in den Sinn (1. Petr. 2, 11), der seine Brüder als „Fremdlinge und Pilgrime" anspricht. Auch ich fühle mich in dieser Welt nicht zu Hause, sondern wie es in einem meiner Gedichte zum Ausdruck kommt:

> Ich bin ein fremder Gast,
> der um die Schönheit trauert,
> der ob dem Tod erschauert
> auf seiner kurzen Rast.

Wenn ich in jungen Jahren in der Nacht erwachte und dem Geräusch eines dahineilenden Zuges nachhorchte, überkam mich oft ein großes Fernweh. Als ich gläubig wurde, mündete es ein in das große Heimweh nach jener Welt, die uns der Herr Jesus verheißen hat.

In den Führungen meines Lebens bekam auch jenes Wort aus den Sprüchen (16,9) eine besondere Bedeutung für mich: „Des Menschen Herz erdenkt sich seinen Weg; aber der Herr allein gibt, daß er fortgehe." Wie oft wurden meine Pläne durchkreuzt oder blieben meine Wünsche unerfüllt. Und dennoch weiß ich von keinen Enttäuschungen, die mich im Blick auf das ewige Ziel von dem heiligen Entschluß, unserem Herrn Jesus nachzufolgen, hätten abbringen können. Immer mehr wurde mir bewußt: Lebenszeit ist Lehrzeit! Ich habe vieles gelernt, aber noch lange nicht alles.

Die Schule geht weiter, Stufe um Stufe, bis wir zum Bild des vollkommenen Mannes in Jesus hineingestaltet sind.

Gott hat viel Arbeit mit mir gehabt, bis ich endlich seinen Plan für mein Leben erkannt habe. Auch heute noch fällt es mir manchmal schwer, zu einer Führung „Ja" zu sagen. Aber werde ich stille, so wird Gottes Sprache unmißverständlich und seine Führung so klar, daß alles in mir zur Ruhe kommt.

Das ist letztlich der Grund, daß ich Ihm vertraue und somit auch Ihm alles zutrauen darf. Es ist mir sowieso ein Wunder, daß Er mich zu einem Werkzeug seiner Liebe erwählt hat, denn von Natur aus bin ich nie ein Kämpfer gewesen. Es ist wirklich wahr, und ich kann es bezeugen, daß „Gott dem, das nichts ist, ruft, daß es etwas sei zum Lobpreis seiner herrlichen Gnade". Das ist Verheißung und Verantwortung zugleich.

So möge nun diese Schrift hinausgehen als das Zeugnis eines Begnadeten, der erfüllt ist von dem einzigen Verlangen, das Ziel seines Lebens zu erreichen.

> Noch tönt des Herzens warmer Schlag,
> weil sich die Form erhalten will,
> und hofft und zittert auf den Tag,
> da alles unaussprechlich still.
>
> O süße Last, o süße Lust,
> da alles nur noch Reifen ist
> und du, dir nimmermehr bewußt,
> schon über allen Grenzen bist.

Ludwig Katzenmaier

Wertvolle Bildbände
von Hans-Joachim und Ruth Heil:

Liebe lernen – leben lernen
Bildband 57051, 48 S., davon 20 Bildseiten

Das Autoren-Ehepaar gibt dem heute so entwerteten Begriff Liebe die Bedeutung, die sie nur im Zusammenhang mit der Liebe Gottes erhalten kann. Ein praktisches Buch für junge Paare, für Verlobte und Verheiratete.

Mutter sein
Bildband 57054, 48 S., davon 20 Bildseiten

Mutter sein gehört für die Autorin zum größten Glück auf Erden. Jedes ihrer Kinder ist für sie Erfahrung des Segens Gottes. Dies beschreibt sie in ihrem Buch und geht auch auf Nöte ein: Erwartungen nicht erfüllen können; Grenzen psychischer und physischer Art erfahren müssen; keine Kinder bekommen können.

Vater sein
Bildband 57057, 48 S., davon 20 Bildseiten

Seit der Genesung von einer schweren Krankheit betrachtet Hans-Joachim Heil das »Vater sein« als noch viel größeres Geschenk und als noch viel wichtigeren Auftrag. Und selbstverständlich hat auch Ruth Heil als Mutter von elf Kindern zu diesem Thema einiges zu sagen.

Unser Baby ist da
Bild-Text-Band 05623, 48 S., 20 Bildseiten

Der neue Erdenbürger steht im Mittelpunkt des Geschehens. »Unser Baby ist da«, heißt aber auch für die Eltern, daß sich vieles in ihrem Leben ändert. Vielfach wird dabei vergessen: auch die Eltern brauchen Hilfe. Diesen Aspekt stellt das Autorenehepaar in den Mittelpunkt dieses Bild-Text-Bandes.

Johannis-Lahr, Postfach 5, 7630 Lahr

Weitere Bücher von Ruth Heil bei Johannis-Lahr:

Der lange Weg zum großen Glück
Das Abenteuer einer Umkehr
Edition C-Taschenbuch 56819, 80 Seiten

Da meint einer das große Glück zu finden in Alkohol, Geld und Frauen, entdeckt dann jedoch, daß sein Leben trotzdem entsetzlich leer bleibt. Er begibt sich in die Finsternis des Okkultismus und findet dort statt Freiheit Gebundenheit. Er sucht wieder einmal eine Freundin zum Vergnügen und findet die Frau seines Lebens. Er startet schließlich ein Millionenprojekt und gibt es auf, weil ein Größerer in sein Leben tritt.

Ich bin Ihm begegnet
Die Bibel beim Wort genommen
TELOS-Taschenbuch 70681, 128 Seiten

Eine Mutter wird aus der Küche gerufen und kann im letzten Moment ihr Kind noch festhalten, das schon auf dem Fensterbrett sitzt . . .
Ein dünner Draht hält das Gewicht eines ganzen Menschen aus . . .
Wunder? David Ben Gurion hat einmal gesagt: »Wer nicht an Wunder glaubt, ist kein Realist«. Lernen Sie Gott kennen, der Wunder tut, um auch sagen zu können: Ich bin Ihm begegnet.

Johannis-Lahr, Postfach 5, 7630 Lahr